AIとBIは いかに人間を 変えるのか

Hatoh Ryo
波頭 亮

NEWS PICKS × GENTOSHA 幻冬舎
NewsPicks Book

ＡＩとＢＩはいかに人間を変えるのか

まえがき

近年、あちこちで見聞きするようになったテーマにＡＩとＢＩがある。

ＡＩとは言うまでもなく人工知能のことで、２０１６年グーグル社のアルファ碁というＡＩが世界チャンピオンのイ・セドル氏に４勝１敗と完勝して新聞やテレビで取り上げられ、広く話題になった。

ＢＩは、国民全員に生活できるだけの現金を無条件で給付する「ベーシック・インカム」という制度のことで、２０１６年にスイスが導入の国民投票を行ったり、２０１７年にフィンランドが社会実験を始めたりして、こちらも各メディアで広く取り上げられている。

このように現在はＡＩもＢＩも世の中の話題に上るようになってきたが、10年前にはまだどちらもほとんど話題にされることはなかった。ＡＩもＢＩも、ここ数年で急に光が当たるようになったテーマである。

なぜＡＩとＢＩがここにきて急に話題を集めるようになったのかというと、２つの理由が考えられる。

１つ目の理由は、ここに書いたようにＡＩが囲碁で人間の世界チャンピオンに勝ったとか、フィンランドで実際にＢＩの導入実験が始まったといった話題性のある事実が生まれ、広く報道されるようになったことであろう。

実はＡＩの研究はすでに50年～60年も前に始まっており、30年ほど前にもちょっとしたブームがあった。しかし、これまでのＡＩの機能はせいぜい大規模電子計算機、或いは大型電子辞書の域を脱しておらず、とても知能とか頭脳とかと呼べるものではなかった。しかし、近年登場したディープラーニングを駆使したＡＩは、自ら認識し、自ら学習し、自ら判断を下すことができるレベルの知能を獲得し得たのである。こうして初めて知能と呼んでも良いレベルの機能を備え、その成果として囲碁という複雑なゲームにおいて人間のチャンピオンを破るという偉業を達成したからこそ、このように広く話題とされているのであろう。

ＢＩの方も歴史は古い。社会の世情と経済を安定させるためには、最下層の人達までを含めた全国民の生活を公的に保障する制度が有効であるというＢＩの考え方は、２００年も前からある。それ以来、政治学、社会経済学の一つの重要なテーマとして議論されてはいたのだが、これまではユートピア的な、即ち実現することが難しい非現実的な制度としてみなされてきていた。それが近年になって、スイスの国民投票やフィンランドの社会実験という実際の政治的活動が起きたことで、ＢＩが広く社会の関心を呼び、世の中の重要マターとして承認されたのであろう。

このようにＡＩもＢＩも近年広く話題に上るようになったのは、どちらも単なるアイデアでしかなかったレベルを脱して、現実の事柄になってきたからだと考えることができる。
そしてもう一つの理由が、実はこちらの理由こそが本書を書く目的として筆者が重視しているのだが、ＡＩとＢＩはどちらも現状の世の中を根底から覆してしまう可能性を持っていることである。

ＡＩもＢＩも、ウォークマンやスマートフォンの発明で人々の生活が便利になったり、生活保護の制度によって貧困や格差の問題が緩和したりするのとはケタ違いのマグニチュードで社会に大きなインパクトを与える可能性を持っているのだ。今の時点でのＡＩは、まだ我々の生活や社会の仕組みに対して大きなインパクトをもたらすほどのレベルにはなっていないが、ＡＩが全ての知的活動において人間を凌駕《りょうが》するシンギュラリティの到来までわずか30年ほどだという予測もある。またＢＩについても、フィンランドだけでなくオランダやカナダでも社会実験の取り組みがなされているように、本格的な検討の動きが世界の国々に広がりを見せている。場合によってはシンギュラリティの到来よりもずっと早い時点で、多くの国でＢＩが採用されるようになっているかもしれない。

そしてＡＩが高度に発達した場合にも、ＢＩが実現した場合にも、産業革命の時以上の大きな変化が、経済活動だけでなく社会構造や人々のライフスタイルにももたらされることになる。

約１０００年続いた中世においては、正しきことや善きことは全て神が決め、人々の生活と日常は神の思し召しに従うのが当然のことであった。しかし、ルネサンスによってわずか

100年ほどの間に、人間の感情と理性が善きこと・正しきことを決め、感情と理性に従って生きることが真っ当な人生だとみなされるようになるという大転換が起きた。AIとBIはそれまでの社会のあり方を何から何まで覆してしまったルネサンスに匹敵するほどのインパクトをもたらす可能性があるのだ。

AIとBIのことを多少なりとも知った上で、近未来がどのような世の中になるのかを想像してみると、単に明るい姿だけでなく何となく空恐ろしいような、得体の知れないほどの大変化を予感する人も少なくないであろう。大きな変化はまだ今のところは目に見える形では生じていないが、少なからぬ人々が何となくAIとBIに感じている得体の知れないことの重大さが、近年AIとBIが世の中のあちらこちらで語られるようになってきている本当の理由だと考える。

ニュースとして取り上げられたきっかけは囲碁でAIが人間に勝ったとか、北欧の一国でBIの導入実験が始まったという小さな出来事であったにもかかわらず、池に落ちた小石の波紋が消えることなく徐々に大きく広がっていくように、AIとBIが日毎に多くの人々の間で語られるようになってきているのは、やがて起きるであろう大インパクトのプレリュードと見なしても良いかもしれない。

本書はAIとBIに関するこのような認識を前提に、「AIとBIは世の中をどう変えるのか」について分析し、予測し、メッセージを提起したものである。

単なる未来予想の一つの寓話になってしまわないように、まず簡潔に、しかし総括的にAIとBIについて紹介・解説して、それぞれが持つ現代社会を根底から覆してしまう可能性を分析した上で、AIが更に発達し、BIの導入が実現すると、世の中がどう変わっていくのかを明らかにしていく。

第I章では、そもそもAIとは何ができる機械／システムなのか、AIと人間の頭脳は何が違うのか、AIはどこまで発達しどのように使われるようになるのかについて、これまでのAI研究の経緯を含めて紹介・解説する。そしてAIが発達した社会において人間は何ができるのか、世の中の仕組みや仕事はどう変わるのかについて考える。

詳細は本文で解説するが、AIが発達することによってもたらされる最大のインパクトは「知的労働の価値の暴落」と「感情労働の価値の向上」である。産業革命によって化石燃料と内燃機関が生産活動の主役となって人力が価値を失ったように、現在、知識や論理的思考力をウリにしている人材はAIに代替され、価値を失うことになる。代わって価値が大きく向上するのは、人に寄り添って共感や癒やしを与えたり、安心や勇気やモチベーションを喚起する資質や能力になる。このように、社会と仕事と人生の価値体系の主軸が、知性／インテリジェンスから感情／感性へとシフトしていくことを示す。

第Ⅱ章ではＢＩについて、ロールズやパリースといった先駆者による理論的根拠にも触れながら、まず制度の具体的な仕組みについて紹介した上で、制度的メリット、マクロ経済的な合理性、思想的特徴について解説する。またＢＩ実現の障害とされる財源の問題や、ＢＩへの反対論として根強い「ＢＩ給付による人々の怠惰化：フリーライダー問題」についても、実証研究の事例を挙げながら冷静に検討・反証していく。

またスティグリッツやピケティが指摘するように、日・米・欧のいずれの国も、現行の資本主義によって必然的に生じる格差と貧困という構造問題を解決することができずに苦しんでいる。ＢＩはこうした状況において、現行の資本主義の構造問題に対する処方箋としてだけではなく、経済の新たな成長エンジンの機能も有しており、景気対策としての有効性も持つという、ＢＩ導入の合理性と必然性を解説する。

更にＢＩは、「働かざる者、食うべからず」という歴史上の規範を覆し、「働かなくても、食って良し」という新しい規範を打ち立てることになる。そしてＢＩがもたらすこの規範が、民主主義の基本理念である機会の平等を現実的に担保することになり、民主主義を十全な形で完成させるのである。このようにＢＩは、現代の先進国が直面している格差と貧困という構造問題に対する有力な解決策として、資本主義と民主主義を救う処方箋であることを示す。

そして第Ⅲ章では、Ⅰ章で示した「価値の源泉がインテリジェンスから感情／感性にシフトすること」と、Ⅱ章で示した「働かざる者食うべからずから、働かなくても食って良しへと転換すること」によって、どのような社会が現出し、人々はどのような仕事に携り、どのような日常と生活を営むのかについて総括し、「ＡＩとＢＩによって世の中はどのように変わるのか」を示す。

ＡＩとＢＩによって、人間は食うため、生きるための労働から解放されることになる。これは人類史上初めてのことであり、人間は重大な歴史的意義を持つ〝新しいステージ〟に立つことになる。働かずとも生きていくことができる世の中は一見ユートピアに感じるかもしれないが、実は深い苦悩の淵《ふち》と隣り合わせである。働かなくても良くなった社会で、人間はどう生きれば豊かな人生を送ることができるのか、その生き方と考え方を本書のメッセージとして提起する。

現時点でのＡＩとＢＩは、産業革命のプロセスになぞらえると、やっと蒸気機関が発明されたばかりのステージであろう。産業革命においてエネルギー源は、石炭から石油へ、そして原子力へと発展していった。その間に、船で１ヶ月かかっていた大陸間の移動は飛行機による10時間のフライトになり、夜に灯していたランプの火は、電球に、蛍光灯に、ＬＥＤになって明るくなった。

　そして蒸気機関が登場した当時と比べて、今日の経済の産出量は１００倍以上に増大し、経済力の向上に伴って民主主義が生まれ、資本主義の発達が生んだ帝国主義によって世界大戦が勃発したり、資本主義VS共産主義の冷戦二極構造が現出したりした。南米の蝶の羽ばたきがアメリカのハリケーンを引き起こすがごとく、ワットの発明した蒸気機関が２００年の間に世界大戦や、冷戦構造やベルリンの壁の崩壊や、リーマンショックやＥＵを生じせしめたわけである。

　人間の囲碁チャンピオンに勝ったアルファ碁も、たった２０００人の失業者を対象に細々と始まったフィンランドのＢＩの社会実験も、今はまだワットの蒸気機関でしかないかもしれないが、ＡＩもＢＩも現在の世の中のスキームと価値構造を根底から覆す可能性と必然性を持ったものであることは間違いないと考えている。

　本書を手に取ってくださった方々が、ＡＩとＢＩが社会にもたらすであろう変化とインパクトを知り、ＡＩとＢＩによる豊かな社会と良き人生を実現するために少しでも参考になれば幸いである。

波頭　亮

目次

第Ⅲ章 AI+BIの社会で人間はどう生きるのか

第Ⅰ章　AI……人工知能とは

2045年に到来すると言われている〝シンギュラリティ〟を巡って、巷間《こうかん》では様々な議論が巻き起こっている。

シンギュラリティ（技術的特異点）とは、もともとある境界点を境に物性や反応が大きく変わることを示す物理学の用語であったが、未来学者のレイ・カーツワイルが「人工知能が進化し、人間の知能を超越した能力を持つようになる転換点」という意味でAI研究に適用して世の中に広まった。また、このシンギュラリティを迎えることによって、人工知能（Artificial Intelligence／以下、AI）は人間の制御を超えて進化していくとも言われている。

実際に近年のAIの進化は目覚ましく、最も複雑で高度な頭脳ゲームと言われる囲碁やチエスではすでに世界トップレベルのプロを下しているし、レントゲン画像の解析では人間の医師が見落としてしまうほどの小さな腫瘍でも発見できるレベルに達している。このような、10年前には遠い未来の出来事のように感じられていたことが次々と実現していく様を目の当たりにしていると、シンギュラリティの到来もあながち絵空事ではないのではないかと感じてしまうのも無理はない。

しかし近未来にAIが人間の知能を全方位的に超えられるかというと、筆者はそうは考えていない。ましてや仕事が全てAIに取って代わられたり、人間の居場所が無くなったり、AIが人間を征服するようになることなどあり得ないと思っている。

ＡＩが人間に優る能力は確かにあるし、得意な分野においては今後もますます高性能化していくであろう。しかし、人間は知能だけでなく心や感情もあるし、身体も伴っている。心や感情があるからこそ、また心と身体が繋がることによってこそ分かることがあり、心や感情に裏付けられて身体を使うからこそできることがある。人間ではなし得なかったことをＡＩが実現できるようになる可能性は十分に考えられる一方で、人間でなければなし得ないことも依然として多々続いていくと考えられる。

ただし、かつて産業革命とそれに続く機械の発達によって人間の生活や社会に大きな変化が生じたように、これからのＡＩの進化・発展によって社会とライフスタイルに大きな変化が起こることもまた確実であろう。

産業革命以前の中世・近世までは、貴族や領主、司祭といったごく一握りの特権階級の人以外のほとんどの人々は、〝食う〟ためだけに朝から晩までクタクタになるまで働いて、やっと生きていた。それが今では、多くの人々が週休２日に長期休暇まで得て、娯楽やバケーションを楽しめるようになった。産業革命によって明らかに社会とライフスタイルのステージが変わったのである。これと同様に、ＡＩの発展は第四次産業革命をもたらす契機となるに違いない。

こうした認識と観点から、本章では、ＡＩとはそもそもどのようなものなのか、ＡＩによって何が可能となるのか、そしてＡＩが更に発達していくと労働や我々のライフスタイルはどのように変化していくのかといったことについて説明していく。

第1節では、まずＡＩとは何かを理解するために、約60年にわたるＡＩの発展の歴史を辿《たど》った上で、ＡＩが初めて〝知能〟と呼べるレベルに達したとも言われている現在の第三次ＡＩブームについて、ディープラーニングという技術的ブレイクスルーとその意義について、そしてＡＩが今後更に発展していく上での課題について解説する。

続く第2節では、ＡＩの能力の強み弱みを人間の能力と比較しながら評価した上で、ＡＩは世の中の仕事のあり方と人の働き方にどのような影響を及ぼすのか、そしてＡＩ時代に人間が担っていくべき重要な仕事とは何かという点について整理する。

第1節　ＡＩとは……ＡＩの発展の歴史

ＡＩの構想自体は１９３０年代にコンピュータが登場した当時から存在していた。コンピュータが単なる計算機ではなく、人間に比肩し得る知的能力を持った人工の頭脳にまで発展することを夢見て、それ以来幾度となく壁にぶつかりながらもハード・ソフトの両面から研究開発が進められてきたのである。そうして21世紀に入ってからようやく人工の〝知能〟と呼べるものが誕生し、現在は第三次ＡＩブームと言われる段階にある。

本節では、これまでに3回起こったＡＩブームの内容と各フェーズで明らかになってきた技術的・方法論的な課題を紹介した上で、今回の第三次ＡＩブームの隆盛をもたらすきっかけとなったディープラーニングという技術成果とその意義について解説し、更にＡＩに残された課題についても言及していく。

(1) 第一次ＡＩブームと第二次ＡＩブーム

「人工知能」という言葉が初めて使われたのは、１９５６年の米国ダートマス会議においてである。数学者のアラン・チューリングとフォン・ノイマンの２人が１９３０年代に演算処理のコンピュータ・プログラムを考案・実用化してから、わずか20年後のことであった。

①第一次AIブーム

1956年のダートマス会議において、アレン・ニューウェルとハーバート・サイモンが「ロジック・セオリスト」というプログラムを公開し、複数の公理を組み合わせて数学の基礎的定理を自動証明していくというデモンストレーションを行った。この「コンピュータ＋ロジック・セオリスト」は四則演算しか扱えなかったそれまでのコンピュータとは一線を画しており、ロジックを用いて解を導き出せるようになったという意味において、単なる計算機械ではなく〝知能〟とみなし得るという評価を得るに至ったのである。

このデモンストレーションの成功は世間を驚かせ、大いに期待と注目を集めた。なぜなら、コンピュータが数学の定理のような厳密な論理を扱えるとなれば、単なる数学にとどまらず現実の様々な問題解決にも貢献できるのではないか、そしていつか人間の頭脳を超えることも可能なのではないかと考えられたためである。

ダートマス会議の主催者の一人であるジョン・マッカーシーは期待を込めてこのプログラムを「Artificial Intelligence……人工知能」と呼び、ここから人工知能という言葉とＡＩの

推論・探索型AIの仕組み　～迷路の問題～

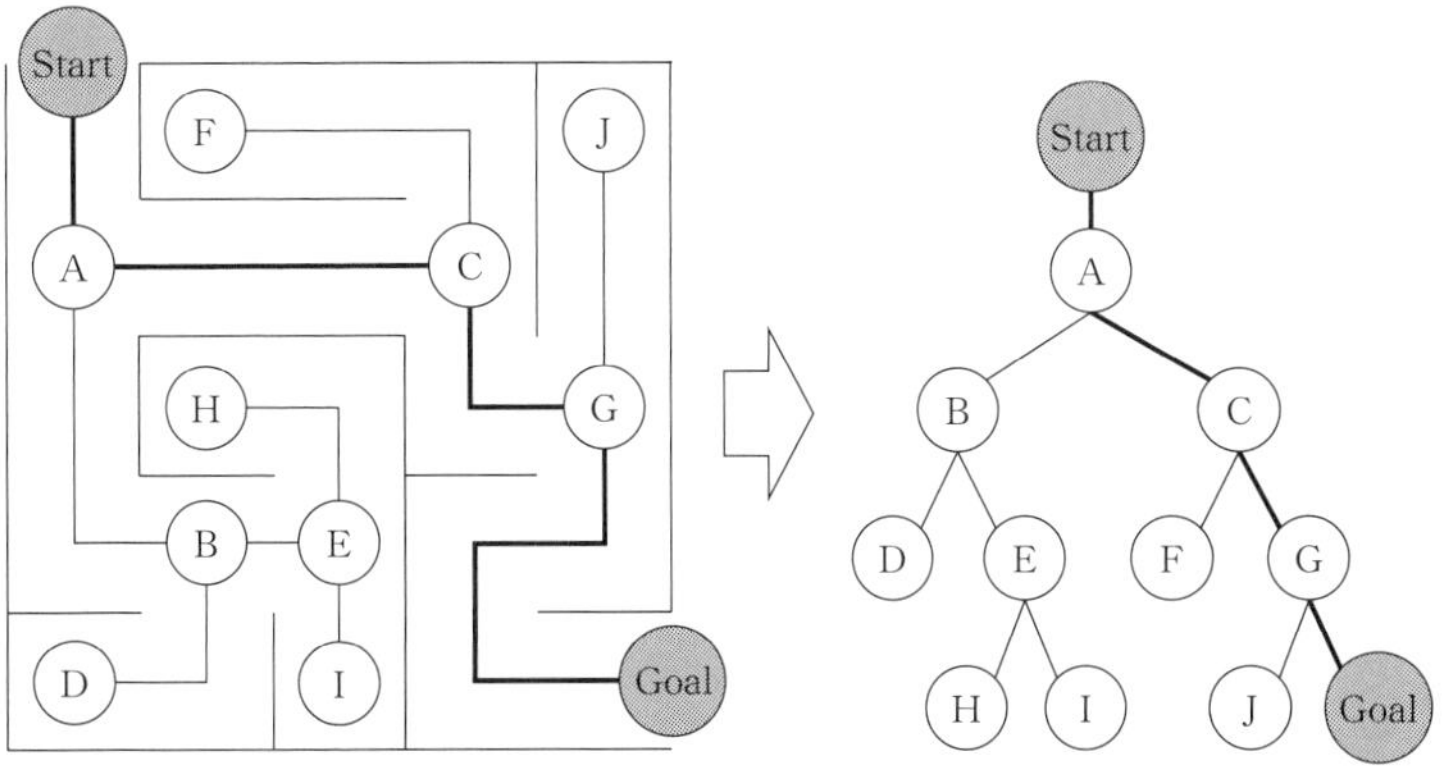

（松尾豊『人工知能は人間を超えるか』を基に筆者作成）

研究が世界中に広まっていくことになった。これが第一次ＡＩブームの始まりである。

第一次ＡＩブームではロジック・セオリストをお手本として、パズルや迷路を解くような、論理的選択肢の全てのパターンを場合分けしてその中から最適解を探すという仕組みの「推論・探索」型ＡＩが多数登場した。例えば迷路を解くＡＩであれば、分岐ポイントを全て読み込んで全ルートを把握し、ゴールに辿り着ける唯一のルートを見つけ出すといった処理を行う手法である。

しかし当時はコンピュータのハードウェアの性能がまだまだ低く、大量のデータ処理や高速の演算が難しかった上に、現実世界における複雑な問題を解こうとするにはあまりにも単純なプログラムしか扱えなかった。そのため、社会現象や経済活動といった人間の生活にまつわるような、現実の問題解決への貢献には遠く及ばない「トイ・プログラム（おもちゃのプログラム）」と呼ばれ、第一次ＡＩブームは10年足らずで幕を閉じることとなった。

② 第二次ＡＩブーム

第一次ＡＩブームが終息してから20年余りは「冬の時代」と呼ばれる停滞期が続いたが、その間にハードウェアの性能が大きく向上した。トランジスタを個別部品として使っていたのが集積回路（ＩＣ）にまとめられ、16ビットの大規模集積回路（ＬＳＩ）にまでなったことや、それまで特定の処理に対応するメインフレームしかなかったのに対して汎用的な情報処理に活用することができる基礎プログラムであるＯＳ（オペレーティング・システム）が開発されて、コンピュータ・プログラムの汎用化が始まった。これによってデータの記憶容量と演算処理の速度が大幅に向上し、推論や探索といったロジカルな演算処理の効率化だけではなく、知識・情報を大量に記憶させておくことが可能になった。

こうしたハードウェアの高性能化が生み出したのが「エキスパート・システム」である。これは膨大な専門知識と推論のパターンを事前にインプットしておき、それを基に専門的な知識が必要とされる難易度の高い問題解決を行うことを目的としたシステムである。

このような「知識×推論」型のＡＩであるエキスパート・システムとして有名なのが、スタンフォード大学が1970年代に開発した「MYCIN（マイシン）」である。

MYCINは5年余りの歳月をかけて開発された医療のエキスパート・システムで、専門医の過去の経験則が知識領域とロジック領域に分けてプログラムされているものである。具体的には、MYCINが患者の症状を明らかにするための様々な質問を提示し、その質問に対する回答内容を事前にインプットしてある知識データと照らし合わせて診断を下し、症状に応じた抗生物質を提案するプログラムであった。

1970年代終盤にはこのMYCINの完成が目前となり、これを受けて1980年頃には高度な専門知識を必要とする問題の解決がAIの射程圏内に入ったことが世間に認知されてきて、第二次AIブームが起こったのである。その後、医療分野のみならず様々な分野でエキスパート・システムを開発しようとするチャレンジが始まった。

しかし様々な分野で〝実際に使える〟エキスパート・システムの開発を進めていく研究の中で、再び重大な問題が明らかになってきた。

まず言葉や文脈の解釈がAIには難しい。「お腹が痛い」と言った場合の「お腹」はどこを指すのか。胃なのか、小腸なのか、それとも盲腸なのかで処方すべき薬は変わってくるし、「痛い」という表現も、鈍痛なのか、チクチクした痛みなのか、それとも焼けるような痛みなのかといったように、抽象的な表現を正確に解釈できなければ答えを出すことができないのである。

そして専門家の判断のプロセスを整理して正確にアルゴリズム化しようとすると、これもまた想像以上に難しかった。専門家同士で見解が異なる局面も少なくないし、一人の専門家の経験の中ですら矛盾を含んでいるケースも散見された。このように、研究が進むにつれて専門家の経験則は時に直観的で曖昧なヒューリスティックな性質を持つものであることが明らかとなり、これを無理に厳密なアルゴリズムに置き換えてシステマティックに運用しようとするとかえって誤りを招いてしまうというジレンマが生じてきた。つまりエキスパート・システムの開発研究によって、言葉の意味を解釈したりヒューリスティックな判断をアルゴリズム化したりすることが極めて難しいことが判明したのである。

実際にMYCINが正しく診断を下せた確率は65%〜70%程度であり、この精度は専門外の医師の診断よりは多少高かったものの、専門医の診断正答率が80%であることと比較すると明らかに劣っていた。また、エキスパート・システムによる診断が誤りであった場合に責任の所在はどうなるのかといった現実的な問題も生じてきたため、MYCINが実際の医療現場で使用されることは無かったと言われている。

結局、ＡＩは数字や記号などによって厳密に定義されたデータの処理やロジック演算であれば正確に行うことができるものの、言葉や直観といった曖昧なものを扱うことができない。一方、人間の思考はそのようなヒューリスティックな推論・判断のプロセスによって、より現実的に妥当性の高い結論を出しているという事実が明らかとなり、第二次ＡＩブームも第一次ＡＩブームの時と同様に10年程度で幕を閉じることになった。再び「冬の時代」の到来である。

・第五世代コンピュータ開発プロジェクト

ちなみにこの第二次ＡＩブームにおいては、実は日本もＡＩ開発に積極的に取り組んでいた。１９８2年、通商産業省（当時）によって「第五世代コンピュータ開発プロジェクト」が立ち上げられたのである。世界で最も先進的なＡＩを開発すべく、約10年の歳月と５００億円を超える資金、そして一流の研究者を集めた国を挙げてのプロジェクトであった。

「第五世代」とは電子部品の進化のフェーズに対して付けられた番号であり、当時、第四世代の超大規模集積回路（VLSI）の開発が電子部品産業界の先端開発テーマだったことを踏まえて、更に次の世代を目指すことを意味していた。つまりこのプロジェクトの主たる目的は、単にエキスパート・システムのプログラムを開発するだけではなく、実際に使えるエキスパート・システムを実現するためのハードウェアの開発までを含んだ、ＡＩのトータルシステムの開発だったのである。

第二次ＡＩブームの隆盛はエキスパート・システムの登場によるところが大きいが、従来のハードウェアやシステムや言語はエキスパート・システムが扱おうとしていた複雑な並列推論を行うのに適しているとは言えなかったため、これら全般を根本から作り直し、高性能の並列推論マシンを作ろうとする非常に意欲的な試みであった。

　このプロジェクトは海外からも大きな注目を集めた。人工知能学者のエドワード・ファイゲンバウムは「日本が高性能の人工知能マシンを国家プロジェクトで作ろうとしている」と欧米諸国の危機感を煽《あお》るようなメッセージを発し、世界中の期待と関心を喚起したほどであった。そして実際にこのプロジェクトで開発された並列推論マシンPIMは、世界最高水準となる1秒間に1億5千万回を超える演算処理速度を達成したのだが、これは当時の汎用大型コンピュータの約１００倍の性能であった。また単純な処理にとどまらず、複雑な応用処理においてもそれまでの４００倍〜１０００倍の性能に達するといった驚異的な成果を残している。

　しかしコンピュータとしての演算処理性能は向上したものの、「産業に貢献できるような知能を持つＡＩ」という評価には至らなかったため、残念ながらＡＩ研究の成果としてはあまり認められなかった。日本の「第五世代コンピュータ開発プロジェクト」の可能性を世界に喧伝《けんでん》したファイゲンバウムも「技術面では成功したが、応用を創造しなかったため失敗に終わった」と述べている。最終的にこのプロジェクトは、バブルの崩壊と相まって１９９２年に終了することになった。

⑵ 第一次・第二次AIブームで明らかとなった課題

さて、ここまでの2回のAIブームにおいて明らかになった課題は、与えられた知識とロジックを基にした処理、作業しかできない紋切り型のAIでは、演算処理機械としては高性能であっても知能としては未熟であり、計算能力の高いスーパー電卓やスーパー電子辞書の域を出ないということである。

第一次、第二次のAIブームにおいてなぜ知能の域に達することができなかったのかというと、先にも述べたように人間の知的判断は論理だけではなくヒューリスティックな判断に依拠している部分が大きいということや、人間はあまりにも無意識的に経験に基づいた情報の選別・判断を行っているということに、当初は気づいていなかったためである。

そしてその無意識的なロジックと判断のプロセスをアルゴリズムに落とし込もうとしたものの、従来のやり方では事前に膨大な情報のインプットが必要になる上に、判断基準を厳密に設定することが困難であった。抽象的な題材や曖昧な表現を扱ったり、状況適合的に柔軟に判断基準を変えたりするためには、それまでAIが担ってきた数字や記号の意味を明確に定義して固いロジックで意味連関を繋いでいくというアルゴリズム型の演算処理や推論とは全く異なるアプローチが必要になるということが明らかとなってきたのである。

特に際立った問題としては、言葉を記号としてしか捉えられず、その概念を理解／解釈できないという「シンボルグラウンディング問題」と、目的のために情報をどのように絞り込んで使えば良いかを判断できないという「フレーム問題」がある。

① 言葉の理解……シンボルグラウンディング問題

言葉の理解という意味で興味深いのが、哲学者のジョン・サールが示した「中国語の部屋」の思考実験である。

中国語を理解できない人が小部屋に閉じ込められており、詳細な中国語の対応マニュアルが置かれている。小部屋の外から中国語が書かれた紙が差し入れられると、中の人はその紙に書かれている内容は全く理解できないものの、マニュアルに照らし合わせて文字を選び、返事を書いて戻すことは可能である。するとその返事を受け取った人は、中にいる人が「中国語を〝理解〟している」と錯覚する……というのが「中国語の部屋」の概要である。

これは、言葉の意味は理解できていないものの、投げかけられた文字列/記号シーケンスに対して、事前のインプットデータに基づいて適切な文字列/記号シーケンスを選んでアウトプットしているだけの、コンピュータ/AIの情報処理のメカニズムをたとえたものである。つまりAIは言葉を「記号」として演算処理しているのである。

このようなアルゴリズム化されたやり方では、ある程度まではデータの総量と推論・探索ロジックによって対応している〝ふり〟はできるものの、エキスパート・システム同様に、曖昧かつ柔軟な判断やヒューリスティックの壁に突き当たってしまうのである。

人間が「言葉」を使う最も単純なケースとして、「それは何か」を言語化するという用途がある。例えば、目の前にある対象物が「猫である」とか「飲みかけのミルクが入ったカップである」といった判断は幼児でも容易にできる。しかしデータとロジックのＡＩにはこの程度の判断すら難しい。

人間の場合、例えば猫には尖った耳が2つあり、4本足で鋭いかぎ爪を持っており、尻尾もあり、成体であれば体重は約2.5～7.5kgの間で、体の柄のパターンは白・黒・三毛・キジトラ……といったことをデータとロジックによって分析した上で「猫である」と判断しているわけではなく、目で見て直観的に、しかも後ろ姿や丸まっている状態でさえ「猫」であると瞬時に判別できるのである。

人間も全く未知のものに対しては判断を下せないことから、過去の知識と経験から判別しているのは確実である。しかしその分類のプロセスが一体どのようになっているのかを分析しようとしても、具体的なアルゴリズムに落とし込めるほど明確には把握できない。このような場合、推論・探索のルールをＡＩに学習させたくとも、判断の条件が複雑すぎてプログラムに落とし込むことが困難であったのだ。

シニフィアンとシニフィエ

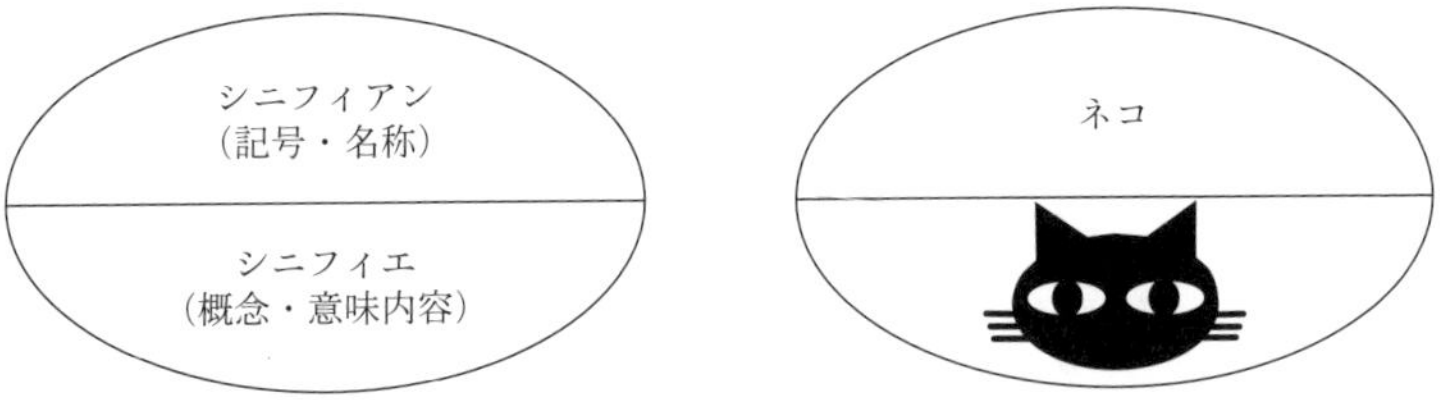

なぜこのような複雑さが生じているかというと、言葉は対象物を表す記号であるだけでなく、その背後に抽象的な、非常に多様でしかも状況によっても変化する意味内容を持つ「概念」の存在があるためである。

このような言葉の表記と概念の二面性は、言語学者のフェルディナン・ド・ソシュールが「シニフィアン」と「シニフィエ」という関係性で説明している。シニフィアンは表記、即ち「猫という文字や音」を指し、シニフィエは概念や意味内容、即ち「猫のイメージや特徴」を指す。ソシュールのシニフィアン・シニフィエ論は、これらが表裏一体となって人間が使う言葉が成立していると説明したものであるが、この頃のＡＩは多様かつ変容的で、一義的に決めることが困難なシニフィエを包括的に理解することができず、言葉を人間と同じように扱うことができなかったのである。

ＡＩが言葉の表記と概念を結び付けられないという大きな壁は「シンボルグラウンディング問題」と名付けられ、今でもＡＩ研究の重要なテーマとなっている。

実際に言葉を用いて推論を行う場合には、多様な〝意味〟の中から文脈や状況によって適切な意味を選り分けて使うことが不可欠であるが、情報の選り分けや文脈の理解を行うための大前提となるのがシンボルグラウンディング問題を含む「言葉の理解」なのである。

そしてこの情報の選り分けと文脈の理解というＡＩにとっての重大課題は、次に示す「フレーム問題」にも共通するものである。

②情報の選別……フレーム問題

「フレーム問題」とは、数ある情報の中から目的に密接に関連した情報に絞り込んで思考することがＡＩには難しいという、最適化情報選択の問題である。

有名な例に、哲学者のダニエル・デネットが示した、ロボットに部屋からバッテリーを持ち出させようとするケースがある。

実はこのバッテリーの上には時限爆弾が置いてあるため、ロボットが取るべき行動としては、時限爆弾をまず取り除いた上でバッテリーだけを部屋から持ち出さなければならない。しかし「バッテリーを取ってくるように」という指示を出しただけでは、ロボットは上に載っている時限爆弾をも一緒に運び出してしまい、しばらくして爆発してしまった。

そこで今度は「自分が取った行動によって起こり得る出来事も考慮すること」という条件

第一次・第二次AIブームで明らかになった課題

シンボルグラウンディング問題	フレーム問題
……言葉の概念を理解／解釈できない（記号としての処理しか行えない）cf.「中国語の部屋」	……数ある情報の中から、目的と密接に関連した情報に絞り込めない cf.「バッテリーを取りに行くロボット」

曖昧な対象を扱うヒューリスティックな判断やパターン認識など、論理で説明しきれないような推論・判断プロセスを行うことができない

を追加したところ、今度はバッテリーが載った台の前で止まり「台を触ったら何が起こるのか」「バッテリーと時限爆弾を一緒に持ち出すと何が起こるのか」等と延々と考えて動けなくなってしまった。そして時間だけが過ぎてしまい、結局、時限爆弾は爆発してしまった。

そのため更に条件を追加して、「目的と関係の無いものは思考の対象から外すように」と指示したところ、今度は何を思考の対象とすべきで何を思考の対象から外すべきかということについて、バッテリーまでの距離や背景の色、バッテリーの材質や重量は……と延々と考えて、結局全く動けないで終わってしまったという話である。

このように、人間であれば「何を考慮の対象とするのか」を瞬時に判断できるのに対して、ＡＩはその答えをデータとロジックによって要素還元的に求めようとするため、現実的に情報を選別できるまでに至れないのである。この「フレーム問題」も先の「シンボルグラウンディング問題」と同様に、〝使える〟ＡＩを開発するためには避けて通れない、そして

今なお解決の方法論が模索されている重要課題となっている。

第二次ＡＩブームの頃までは、人間の知能の優秀さは論理性にあると考えられていた。しかし「シンボルグラウンディング問題」や「フレーム問題」といった課題が明らかになったことによって、実際の人間の推論・判断プロセスの強みは厳密な論理性にあるのではなく、むしろ厳密な論理性に縛られることなく、ヒューリスティックな判断によって処理しなければならない情報の量を大幅に減らし、迅速かつ的確な解を導いている点にあることが分かってきた。ある対象物について「それが何であるか」を判別するための決定的なファクターを「特徴量」と言うが、人間はヒューリスティックな判断を以て特徴量を推論し、効率的かつ的確に判断する「パターン認識」に非常に長けているのである。

特徴量を捕捉・把握したり、対象物を特徴量と照らし合わせたりして「それが何であるか」をパターン認識によって判別するプロセスは、人間の脳内においては通常無意識下で働いている。この特徴量把握のプロセスを正確なアルゴリズムに書き起こしてプログラム化することが単に技術的に難しいというだけではなく、それまでのＡＩの開発研究においては人間の強みは論理性にあると誤認していたために、ＡＩのプログラム設計の方法論そのものにおいて、的を外していた可能性がある。

③ 第三次AIブームへの道を開いた機械学習の発展

2回目の冬の時代の間に、これらの課題を解決するために着々と進められていた研究が「機械学習」である。機械学習とは、人間が定義や条件を明確にした上でそれをAIに教え込むのではなく、機械が人間と同じようなプロセスで学習すればこの課題が解決されるのではないかという発想に基づいた、AIの基本設計の手段・方法論である。

機械学習の代表的なものの一つが「教師あり学習」である。

教師あり学習とは、人間があらかじめ「入力データ」と「出力すべきデータ（正しい答え）」をセットで入力し、それによってAIが入力データと出力データの組み合わせを学習していくというアプローチである。つまり、入力されたデータから正解を導くための論理や演算方程式を人間が設定するのではなく、入力データと出力データの膨大なマッチングセットの中から組み合わせのパターンと傾向をAI自身が見つけ出そうとするアプローチである。

例えば手書きの「3」の画像データと、それが数字の「3」であるという答えの組み合わせを大量に入力することで、ある画像データが数字の「3」であると判断するためのポイント＝特徴量を理解するというやり方である。この教師あり学習の発展によっておおまかなパターン認識が可能となり、画像認識や音声認識だけではなく、メールに含まれている文字列をパターンとして認識し、それが迷惑メールであるか否かという判断を行うフィルタリング

教師あり学習と教師なし学習

〈教師あり学習〉

データと答えをセットで入力し、データと答えを繋ぐプロセスを発見させる

〈教師なし学習〉

データのみを入力し、データ群の中にある傾向や特徴を発見させる

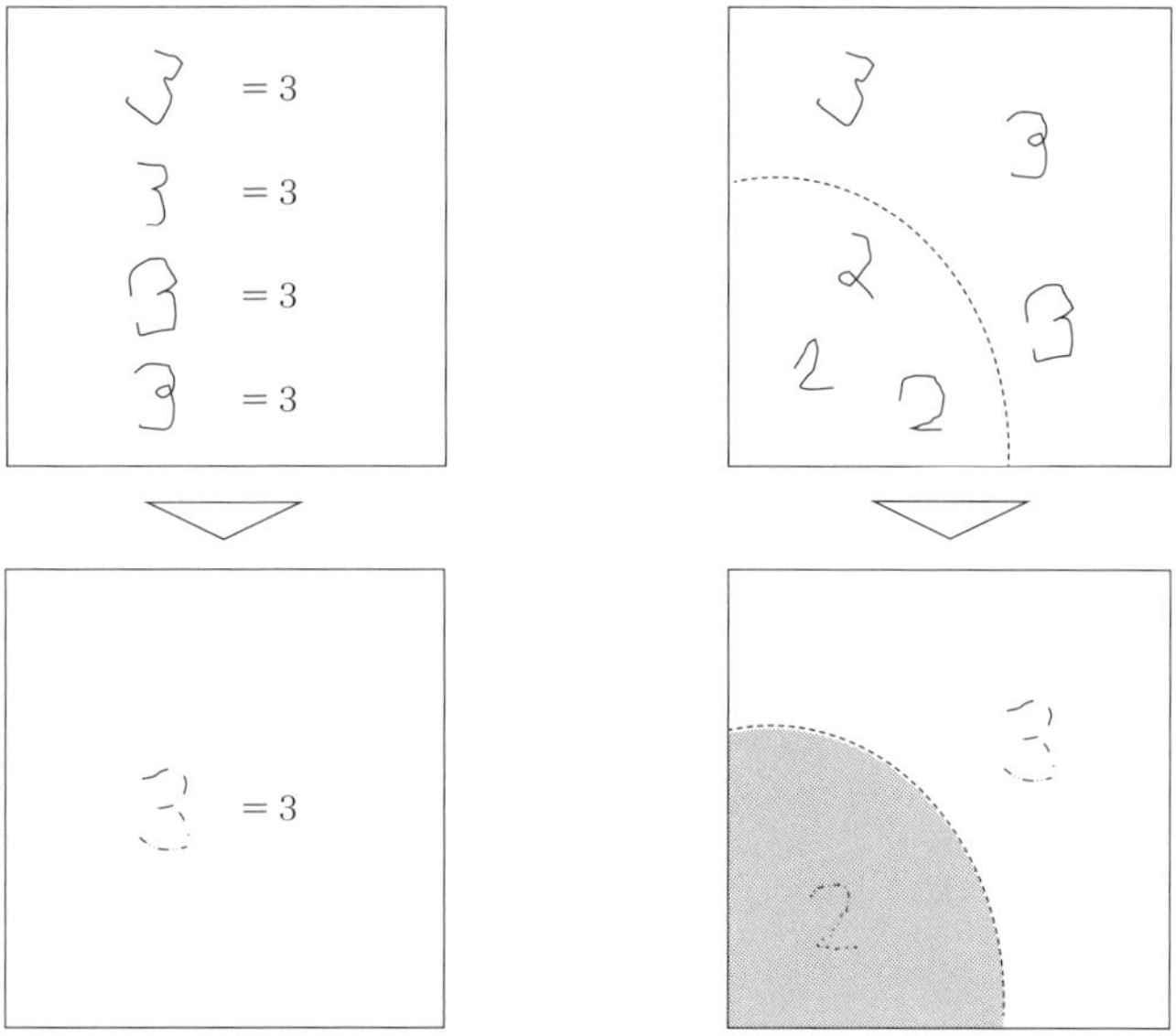

等にも活用されていった。

また、このような正解をあらかじめ与える「教師あり学習」とは異なり、正解を与えない「教師なし学習」も有力な機械学習の方法論として確立されていった。

教師なし学習は、正解を与えずにただ単にデータをインプットし、その中から法則や傾向、特徴などをＡＩ自らが分析し学習する方法である。そのため、事前に正解が決まらない対象にも適用できるのが特徴である。これは元データを分析・分類して幾つかのグループに分けるといったクラスタリングを基本として、分類された各グループ間の傾向や構造の解明を行うような主成分分析やクラスター分析に使われ、例えば消費者の購買行動をデモグラフィックの特徴によって分類・分析するようなデータ解析等に応用されていった。

このように教師あり学習も、教師なし学習もそれぞれ用途や仕組みが異なる学習方法であるが、これらを基に開発された新しい機械学習の方法論が「ディープラーニング（深層学習）」である。このディープラーニングが、次の第三次ＡＩブームを引き起こすことになる。

⑶ 第三次ＡＩブームのブレイクスルー

第一次ＡＩブームで登場した「推論・探索」型ＡＩは人間から与えられた処理・評価方法に従って解を導くものであり、第二次ＡＩブームで登場した「知識×推論」型ＡＩも、事前にインプットされた入力データと既存の演算処理方法による膨大な組み合わせによって正解を再現するものであった。即ち、人間が与えた条件の中で再現的な判断を下すことが第二次ＡＩブームまでのＡＩの機能だったのである。これは、言うなればスーパー電卓やスーパー電子辞書のようなもので、自ら学び、自ら判断能力を向上させていくことができる本来の〝知能〟とは呼べないものであった。

また、この時点まではＡＩが扱える情報の形式にも制約と限界があった。人間がその要件やロジックを明示化できないようなもの、例えば画像や音声の特徴、言語や文脈、感情や感覚といった曖昧さが介在するものに関しては、この段階までのＡＩで扱うことは難しかったのである。

これに対して第三次ＡＩブームでは、機械学習が発達し、ディープラーニングという新たな学習方法が登場したことによって、特徴量の自律的学習が可能になったことが大きな飛躍である。人間がわざわざ分類方法などの処理プロセスを指示しなくともＡＩが自ら特徴量抽出を行えるようになったことは、それまで最大の難関と思われていた「正確なアルゴリズム記述の難しさ」を考慮する必要が無くなった点で画期的であった。第三次ＡＩブームが「機械学習・特徴表現学習の時代」と言われるのはそのためである。

ディープラーニングの技術がＡＩ発展の新しい地平を開いたのである。

① 第三次ＡＩブームの革新的技術……ディープラーニング

第三次ＡＩブームの中心テーマであるディープラーニングは、ＡＩが膨大なデータから自ら特徴量を抽出・学習することによって、人間が明示化・アルゴリズム化することが難しい「概念」をＡＩが自律的に習得できる仕組みとなっている。

ディープラーニングは２０１２年7月にグーグルが「猫を判別できるＡＩ」を発表したことによって一躍有名となった。このグーグルのＡＩは猫の特徴量を学習・習得したことによって、ある画像を見た時に「それが猫であるかどうか」を分類・判断できるようになったものである。この「グーグルの猫」がきっかけとなって、第三次ＡＩブームが到来した。

定義が曖昧な対象物や概念に対しても言語化・理論化せずに学習していく様は、赤ちゃんが様々なものを認知・理解していく成長プロセスに似ているかもしれない。また学習した概念に対して事後的に人間が「猫」などの単語を与えれば、習得した概念が〝猫〟と呼ばれるものであるという概念と表記の1対1対応のマッチングも可能になったのである。

先にも述べたように、概念と表記とを結びつけるのが難しいという「シンボルグラウンディング問題」は、ＡＩが〝知能〟として機能するようになるための最大の課題の一つとされていた。しかしこの課題は、対象の概念内容を自ら学習できるディープラーニングの登場によって解消されつつある。自ら学び、自ら判断の精度を上げていくことが可能になったとい

グーグルの猫とディープラーニング

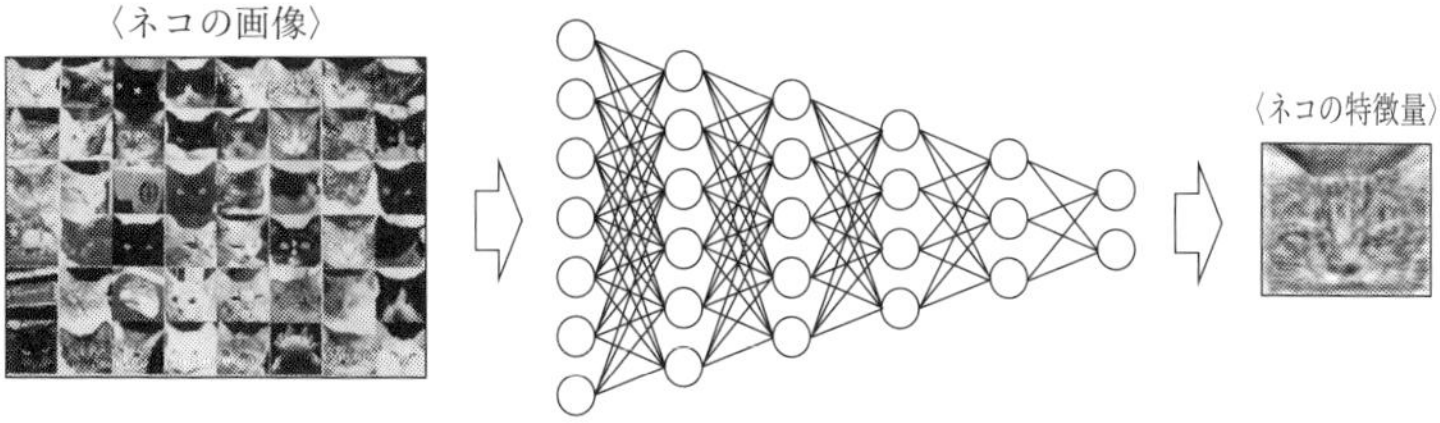

（Quoc V. Le, et al., “Building High-level Features Using Large Scale Unsupervised Learning” 及び Google Official Blog “Using large-scale brain simulations for machine learning and A.I. ” を基に筆者作成：画像転載）

う意味において、また人間に近い認識パターンが可能になったという意味において、ディープラーニングを用いて開発された「グーグルの猫」の登場からが、本当の意味での人工〃知能〃時代の幕開けであると言えるだろう。

ほぼ同時期に、もう一つディープラーニングに関するエポックメイキングな出来事があった。「グーグルの猫」の登場と同じ2012年の10月、カナダ・トロント大学の教授ジェフリー・ヒントンが率いる研究グループが画像認識コンテスト ILSVRC（ImageNet Large Scale Visual Recognition Challenge）に参加し、圧倒的な成績で優勝を収めたのである。

このILSVRCというコンテストは、様々な写真を分析してそこに何が写っているかをAIに判別させてその精度を競うものである。ヒントンチームが優勝する以前は誤認率25％〜30％の間で0.1％の差を争うような競争であったのに対し、ヒントンチームはディープラーニングという新しい方法を用いて15・3％という驚異的な記録をたたき出した。この値は、

ILSVRC優勝チームの画像誤認率の推移

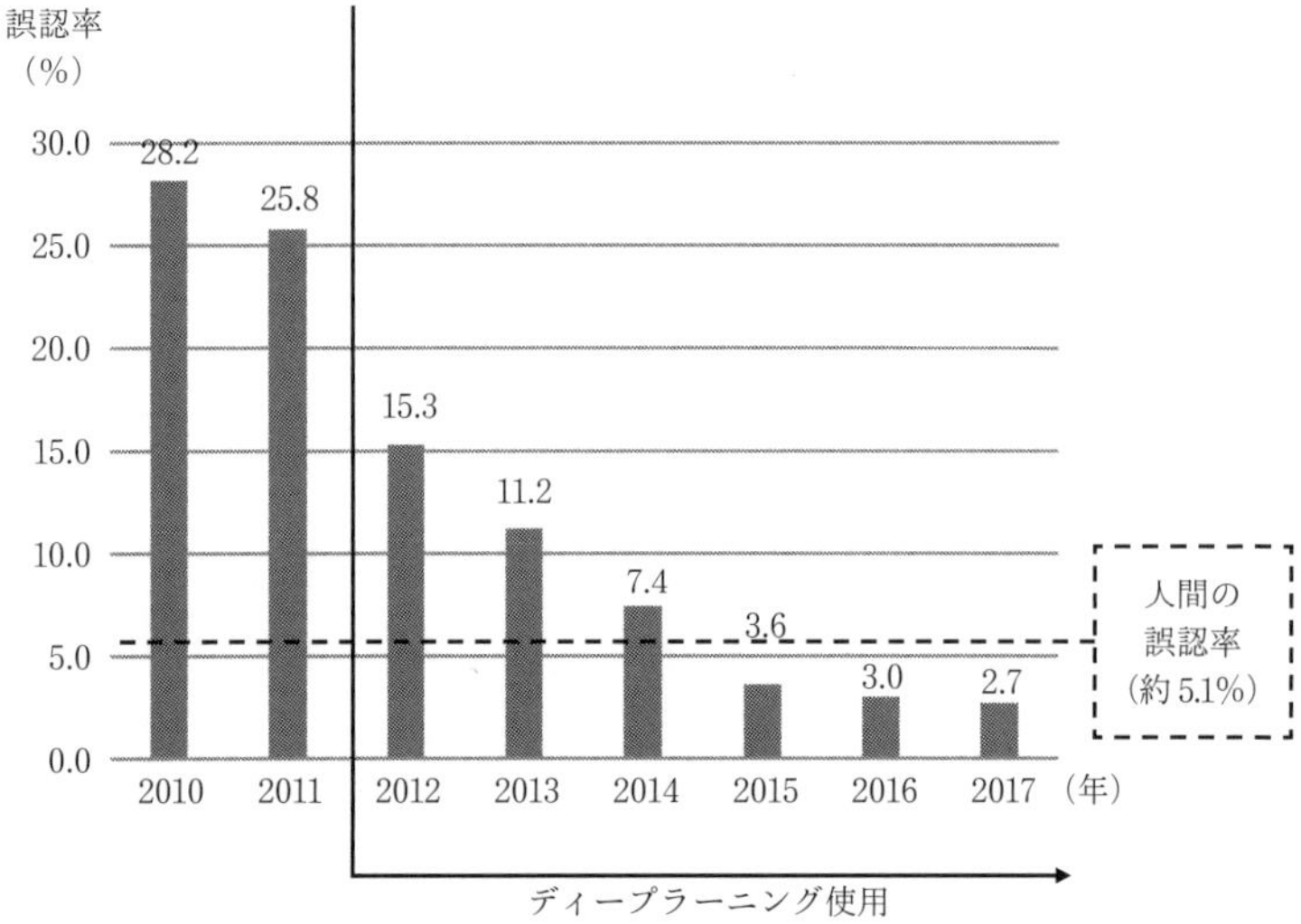

（ImageNet Large Scale Visual Recognition Challenge (ILSVRC) Results 2010-2017 を基に筆者作成）

それまでの最高記録25・8%を大きく塗り替えるものであり、また同年2位の26・2%をも圧倒的に引き離す記録となったことから、研究界に激震が走ると同時に、「グーグルの猫」と相まってディープラーニングが脚光を浴びるきっかけとなった。

そしてわずか3年後の2015年には、AIの画像認識精度は人間の誤認率（約5.1%）を上回り、現在では2.7%と短期間で驚異的な進化を遂げている。今やAIは、アルファ碁のように考えることで人間を凌駕《りょうが》しただけでなく、ものを見分けるという知覚・判断でも人間を超えつつあるのである。

②ディープラーニングの母体……ニューラルネットワーク

ところでディープラーニングという情報処理の方法論的構想自体は、実はかなり以前から存在していた。古くは第一次ＡＩブームでトイ・プログラムがもてはやされている裏で開発が進められていた、人間の脳内情報処理の仕組みを再現しようとする「ニューラルネットワーク」である。

データと固いロジックだけで判断を下しているわけではない人間の脳は、ニューロン（神経細胞）とシナプス（ニューロン間の接合部分）によって網目状に構成されており、情報の伝達は電気信号によって行われている。これを人工的に再現することによって、それまでの論理的アルゴリズム型ＡＩの限界を超えようとしたのがニューラルネットワークである。

原始的なニューラルネットワークである「形式ニューロン」は、第一次ＡＩブームが起こるよりも更に前、神経生理学者のウォーレン・マカロックと数学者のウォルター・ピッツによって１９４３年に発表されている。その後、心理学者のフランク・ローゼンブラットが発表したパーセプトロンや日本の福島邦彦が開発したネオコグニトロンなどといった発展版のニューラルネットワークが多々発表されたが、技術的向上はあれども、当時は一般に認知されるような目立った成果を挙げるまでには至らなかった。

しかし「冬の時代」に着々と進められていた機械学習の発展は、このようなニューラルネットワークの進化によって支えられていたのである。そして知識・ロジック型のＡＩと同様に、こちらも幾度も壁にぶつかりはしたものの、最終判断を誤った場合には判断プロセスを遡って評価要素のウェイト付けを書き換える「誤差逆伝播法（バックプロパゲーション）」や元データを復元できるような圧縮データを生成する「自己符号化（オートエンコーダ）」といった新たな手法が開発されて幾つもの壁を乗り越え、最終的にディープラーニングの開発にまで辿り着いたのである。

21世紀に入り、ハードウェアの性能が上がってビッグデータの活用が容易になった頃から精度が向上し、またそれと同時にディープラーニングといった言葉と手法の理解も広まっていったことから、近年ニューラルネットワークの研究はますます加速している。

③ 人間の〝分かり方〟に近づいたＡＩの情報処理

ディープラーニングの技術的な特徴は、シンボリックな特徴量にフォーカスすることで情報処理対象を減らし、それまで要素還元的全数処理型で行っていたデータとロジックの処理作業を大幅に効率化したことにある。

ディープラーニング登場までの機械学習では全ての情報を処理しようとするアプローチであったため、ノイズの存在が精度向上の制約となったり、膨大な時間とエネルギーを要するといった課題を抱えていた。しかしディープラーニングによって統計的／確率論的な情報の取捨選択が行えるようになったことによってこれらの制約が軽減され、精度とスピードが格段に向上したのである。

例えば囲碁の対局においては、局面・打ち手の総数は10の360乗通りにもなるため、それまでの全数処理型のアプローチで計算していると、最新型のスーパーコンピュータを利用しても何億年も時間がかかった。それがディープラーニングを用いることで、人間のプロに連戦連勝するアルファ碁のようなＡＩがわずか数年で実現できてしまったのである。

情報の中から特徴量を抽出するということは、特徴量以外のデータを捨てるということでもある。これをプロ棋士の羽生善治氏は「捨てることを覚えたＡＩ」と表現しているが、判断の際に重要なポイントだけを検討材料として用いるのは、人間のヒューリスティックな「パターン認識」に非常に近い。

ちなみにディープラーニングでは、学習したい対象物とは全く関係の無いノイズを紛れさせることによって、その特徴量抽出の性能がより向上するという興味深い結果が報告されている。

データ集団の中に意図的にノイズを紛れさせるという分類・判別の技術自体は、教師なし学習を用いたクラスター分析や主成分分析においてすでに実装されていたものである。具体的には、同じグループ内での共通項をくくりだして把握した特徴だけではなく、異なるグループ間との差異をも加えて把握した特徴量の方が精度が高いということを示している。

では何が興味深いのかというと、「ノイズが入ったことでより判別能力が高まる」という性質が人間の〝分かり方〟と似ているという点である。

人間が〝分かる〟プロセスは、考察対象を幾つかの構成要素に〝分け〟て、それらの要素毎に他のものと〝比べ〟て対象間の〝違い〟を認識することである。具体的に言うと、それが「りんご」であると分かるということは、それが「桃」でも「みかん」でもないということを認識することであり、そのことは即ち「桃」や「みかん」といった「りんご」以外の全てのものとの違いを認識するということなのである。このように、共通項を際立たせて何かを分かるためには、〝違った〟ものが入っていた方が有効になる。この点がまさにディープラーニングにおいてデータ集団にノイズを紛れさせて学習させるプロセスと似ているのである。このように、ディープラーニングによるＡＩの認知プロセスは、人間の認知・判別のメカニズムに着実に近づいてきていると理解できよう。

④ AIが「眼」を手に入れたことの意義

ディープラーニングが登場する以前は、画像認識の能力レベルは人間には到底及ばない水準であり、それ故に視覚的判断が介在するタスクはＡＩ／ロボットが担うことは難しかった。

AIのカンブリア爆発

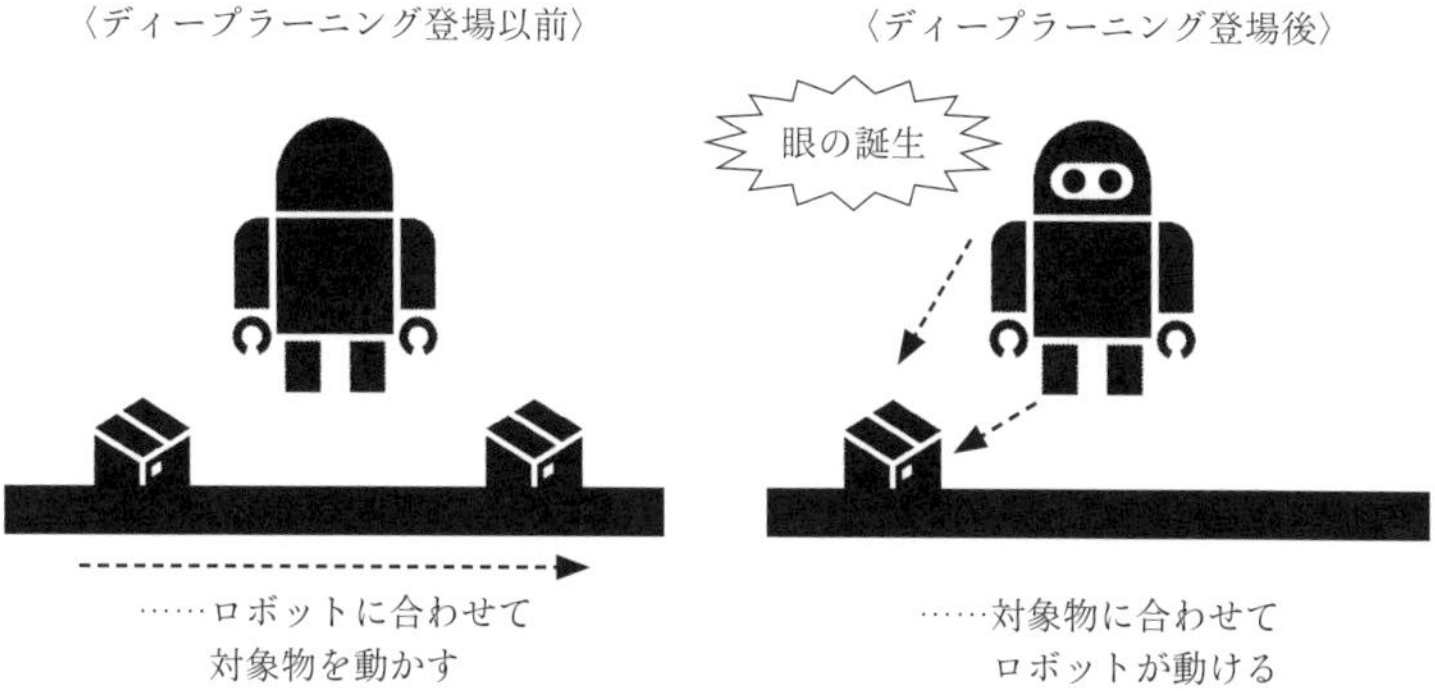
〈ディープラーニング登場以前〉
〈ディープラーニング登場後〉
眼の誕生
……ロボットに合わせて
対象物を動かす
……対象物に合わせて
ロボットが動ける

多くの工場において、組み立て工程はほとんどロボットがやるようになっても、完成品の検品だけは人間が目視でチェックしているのはそのためである。

しかしディープラーニングによる自律的学習が可能になったことによって、先のILSVRCの成果のように画像認識精度が劇的に向上し、人間を超える水準にまで達した。このような成果から、「ＡＩは〝眼〟を手に入れた」とも評されている。これまでのセンサーやカメラ等と異なり、画像を単なる信号で捉えるのではなく「認識」することが可能になったことから、例えば雑多な中から目的のものを探し出してピックアップすることが〝人間と同じように〟できるようになった。

このようなＡＩの「眼」の誕生は、生物が「眼」を手に入れて大繁殖した約5億4千万年前のカンブリア爆発になぞらえて「ＡＩのカンブリア爆発の契機」とも言われている。

それまで盲目状態で動き回っていた生物は、眼を手に入れたことによって遠くからでも他の生物を認識できるようになり、捕食したり敵から逃げたりするといったことが容易になった。この圧倒的な能力進化が生物の繁殖・進化の契機となって太古のカンブリア爆発が起こったとみなされているが、これと同様にディープラーニングによるＡＩの眼の誕生という能力の進化が、ＡＩを様々な現実的用途に使うための可能性を広げ、加速度的な進化をもたらす契機となると期待されているのである。

⑤ハードウェアの進歩とビッグデータ

ＡＩの未来への扉を開いたのは機械学習やディープラーニングといった情報処理のプログラムの技術だけではない。ディープラーニングという技術に加えて、ハードウェアの性能向上、ビッグデータの活用、三者相まって今回のブレイクスルーが実現したと理解しておくべきである。

膨大なデータを扱い、煩雑な学習プロセスを処理し得る高性能のハードウェアが存在しなければ、いくらディープラーニングのプログラム自体が精巧に書かれていてもコンピュータは動かない。インプットのデータを読み込ませてからアウトプットが出てくるまでの処理時間が0.3秒なのか、３分なのか、３日間なのかで現実的な有用性、有効性は大きく異なるのだ。

このようなことから、ＡＩの進歩にはソフト面だけではなくハード面の開発も不可欠であると言える。

実際に、第一次、第二次のＡＩブームの時と比べて現在のハードウェアの進歩には著しいものがある。

例えば、１９７０年には集積回路上のトランジスタの数が１０００個強であったのに対し、２０１５年には10億個を超えている。つまりこの50年弱で約１０００万倍もの処理が可能になっているのである。このことは、同じデータ処理をするにしてもかつては１０００万倍も時間ががかかっていたことを意味しており、例えば現在なら１秒で済む計算に２８０時間もかかっていたのであるから、これではとても実用的とは言えない。「グーグルの猫」には２００×２００ピクセルの画像１０００万枚が使われたが、もしデータ処理能力が１０００万分の１だとしたら、同じ時間ではたった10枚の画像データしか扱えなかったことになり、これでは対象が猫なのか狸なのかヤカンなのか、とても判別することはできなかったであろう。

また、このグーグルが用いたニューラルネットワークは約10億のニューロンを持っており、それまでのニューラルネットワークにおけるニューロン数が１０００万前後であったことと比較して約１００倍の規模である。このように、前人未踏の膨大なデータを処理するのに見合ったシステムとハードウェアを揃えることができたからこそ、「猫」の成果に繋がったのである。現在のＡＩを稼動させているハードウェアは過去とは比べものにならないレベルで巨大かつ高性能になってきているのだ。

第三次AIブームを支える３つの要素

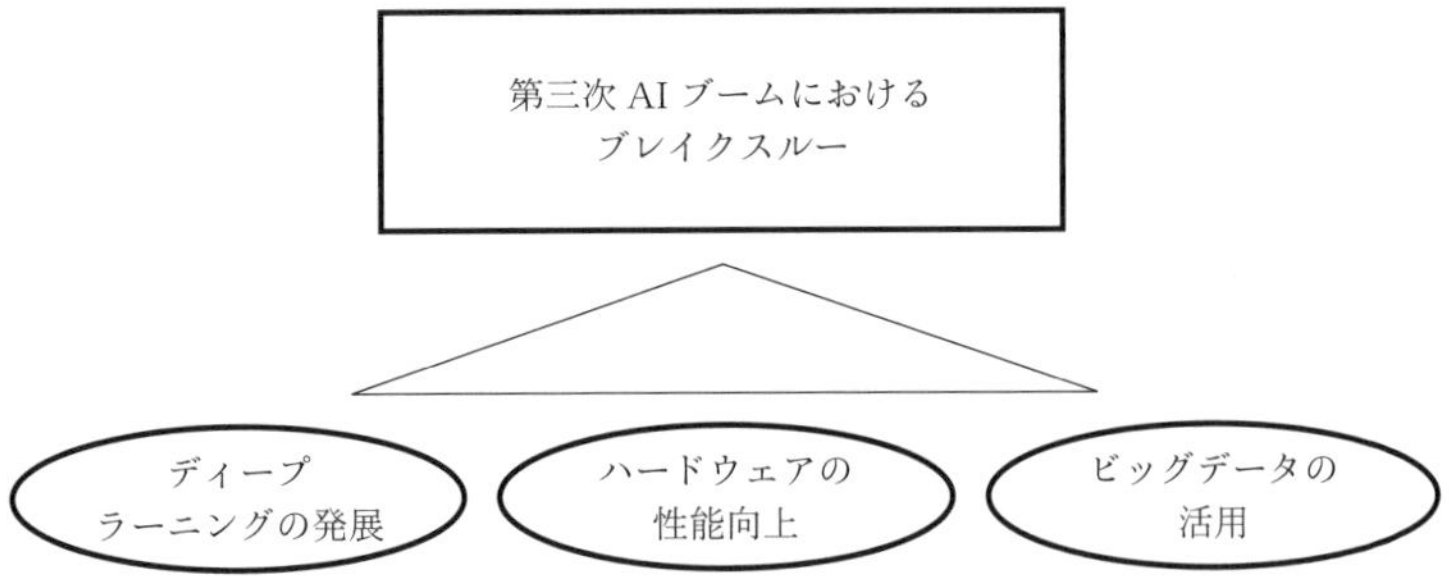

しかしその一方で、「グーグルの猫」のニューロンの数が10億に達しているとはいっても人間の脳のニューロンの数は１０００億以上であり、それらのニューロンを繋ぐシナプスに至っては１００兆に達する。物理的な実装を伴うＣＰＵなどの演算装置を作ろうとすると、こうした人間の脳の途方もない巨大さはＡＩにとって高いハードルとなる。ＡＩが人間並みの認知や判断、思考を行えるようになるにはまだまだ先は長いというのも事実であろう。

もう一点押さえておかなければならないポイントは、近年に入ってビッグデータの活用が容易になったことが、現在の〝使える〟ＡＩの誕生に大きく寄与しているという事実である。

１９９０年代後半からインターネットが一般社会に急速に普及し、人々はパソコンやスマートフォンを通じて多くの情報を得ることができるようになった。また、ＳＮＳなどでの情報発信のみならず、閲覧履歴や購入履歴といったデータまでありとあらゆる情報が世の中で共有されるようになってきてもいる。ＩｏＴ（Internet of Things……もののインターネット）という単語が注目を浴びるようになって久しいが、このＩｏＴによっても個人の活動や様々な機器の稼動を察知、記録できるようになった。

このように、様々な種類の情報が大量にトレース・共有できるようになり、膨大なデータを低コストで容易に収集することができるようになったが、こうした膨大なデータ群は「ビッグデータ」と呼ばれ、データマイニングや機械学習などの〝材料〟として使われ、技術発展に貢献している。もし仮にデータ収集に膨大な労力や費用を費やさねばならない環境であれば、データ分析も機械学習もここまで実用的に発展することはできず、「理論的にはこうしたシステムが成立する」というだけの机上の設計図で終わっていたかもしれない。

このように、「ディープラーニングの発展」に加えて「ハードウェアの性能向上」と「ビッグデータの活用」といった３つの要素が同時に揃ったタイミングであったからこそ、２０１２年頃からの第三次ＡＩブームでのブレイクスルーが起こったと理解しておくべきである。

⑷　ＡＩに残された課題

　このようにＡＩは着実に進化・発展してきているものの、現時点でのＡＩはあるタスクの遂行に特化された「特化型ＡＩ」であり、シンギュラリティが問題提起しているようなＡＩ、即ち「汎用型ＡＩ」の実現までの道のりはまだまだ遠いと言わざるを得ない。

①　技術的課題

　現時点でのＡＩは、最先端のものでも、特定の能力に特化して高い性能を誇る「特化型ＡＩ」と呼ばれるものである。自動運転のＡＩは運転に特化した能力を持つものであって、人の好みに合わせた夕食の店を提案することはできない。またアルファ碁は囲碁の勝負に特化した能力を持つプログラムなので、自動翻訳を行うことはできない。このように、特定の領域では人間を超えるような目覚ましい能力を発揮し始めているといえども、他分野への応用が利かないのが現在の「特化型ＡＩ」なのである。

　一方、最終的に実現が期待されているＡＩは「汎用型ＡＩ（AGI……Artificial General Intelligence）」である。汎用型ＡＩは一つの能力に特化されておらず、様々な場面に臨機応変に対応できるような能力を備えていることが最大の特徴である。運転もできれば、囲碁も打つことができ、必要に応じて翻訳もできる……こうした適用に求められるのは基礎能力の「汎用化」である。そして、特化型ＡＩの特徴が特定の能力における卓越性であるのに対し、汎用型ＡＩの特徴は少ない情報から推論・判断を行うヒューリスティックな能力と、ある知識を転用して他の場面に適用するといった柔軟性・想起性となる。

ＡＩが目指している汎用性とは、コンピュータで言えばＯＳに相当するものとみなすことができよう。コンピュータも昔は計算・演算やデータ処理などのある分野に特化した機能を持つものが作られていたが、メインフレームの登場を契機に汎用コンピュータが主流となった。それ以来、演算処理の基盤となる汎用ＯＳの上に特化型アプリケーションを載せる形で個別のタスクに対応してきたのである。人間で言えば、覚えたり、考えたり、想像したり、話したりする基礎能力を持った上で、翻訳のトレーニングを行えば翻訳の能力が、運転のトレーニングを行えば運転の能力が向上していくといったような形である。

現在のＡＩは、このＯＳ＝基礎能力部分を開発・形成するべきであるという設計思想の下にありながらも、まだ特定の目的／機能に特化したアプリケーションを主体として開発が進められている状況であり、今後ＡＩが更なる発展を遂げていくためには、ＯＳの開発と実装に向けた更なる取り組みが求められる。

ちなみに、ここまで「汎用型ＡＩ」「特化型ＡＩ」といった分類の仕方を行ってきたが、ＡＩ研究の世界では「強いＡＩ」「弱いＡＩ」という分け方もなされることがある。「強いＡ

I」は「汎用型AI」、「弱いAI」は「特化型AI」に近い定義だが、強い／弱いといった表現は、AIが意識や意図を持つか否かといったことを念頭に置いて使われている。例えば、アーサー・C・クラークが著した『2001年宇宙の旅』に登場するコンピュータ「HAL」は意識を持って自ら判断・行動しているため「強いAI」であり、「グーグルの猫」やアルファ碁は意識を持たないため「弱いAI」ということになる。

人間の知能は意識と不可分であり、意識とは何か、意識とはどのようにして生まれるのかといった研究も、認知科学、神経科学、脳科学等によって近年急速に進歩してきている。これらは今後のAIの高度化に必要な、非常に重要な研究領域である。

② ハードウェアの課題

そして今後AIが更なる発展を遂げていくためには、今より格段に高性能のハードウェアの開発も不可欠である。

近年注目が集まっているのが、CPU（Central Processing Unit…中央演算装置）の代わりにGPU（Graphics Processing Unit…画像演算装置）を用いたり、これらを併用して用いる方法である。

GPUは元々コンピュータグラフィックスを描画するために用いられていた専用プロセッ

サであるが、ＣＰＵと比べてデータの並列処理に高い優位性を持つ上に、元々大量生産が行われていたことからコストも安価であった。このようなことから、汎用ＧＰＵ（GPGPU）を製造すれば機械学習に大きな貢献をもたらすのではないかと考えられている。

この流れに乗っていち早く汎用ＧＰＵの開発に注力し、広く名前が知られるようになったのが、従来よりＧＰＵをメインに生産してきた半導体メーカーNVIDIAである。実は２０１２年にヒントンらがILSVRCで圧勝した際に使っていたプロセッサがNVIDIAのＧＰＵであった。２０１０年の世界最速スーパーコンピュータＴＯＰ10のうち3台にもNVIDIAのＧＰＵが使われており、２０１７年にはトヨタの自動運転車のチップとしても採用されるなど、ＧＰＵへの注目度はますます高まっている。

また、従来のコンピュータを代替し、より大量かつ高速に並列処理を行う量子コンピュータの開発も進められている。

従来のコンピュータの内部を流れる情報は、0もしくは1という2値をとる「ビット」を最小単位として表されており、ｎビットのコンピュータは最大でｎ個の並列処理までしか行えない。その一方で、量子コンピュータは0と1の重ね合わせの状態をとる「量子ビット」が最小単位となっているため、ｎ量子ビットの量子コンピュータは2のｎ乗の並列処理が可能となる。

技術的な難易度は高いものの、もし高量子ビットの量子コンピュータが実現すれば、従来型ではとても担えないような膨大な並列処理を行うことが可能になると期待されているため、近年研究開発は活発化してきている。２０１１年にはカナダのD-Wave Systemsが量子コンピュータ「D-Wave」の開発に成功し、それ以降多くの研究機関やメーカーによって更なる高性能化と実用化に向けた研究開発が加速化しているところである。

③ 電力・エネルギー問題

ハード・ソフトの性能向上だけではなく、最近では使用するエネルギーをどれだけ効率化できるのかという電力効率の向上にも焦点が当てられるようになって来ている。人間の思考時の消費エネルギーが21ワットであるのに対してアルファ碁のそれは2万5千ワット、即ち人間１２００人分にもなるのであるから、同じ問題を解くためのエネルギー効率はまだ人間の方が圧倒的に優れている。柔道やボクシングでは体重別の試合が組まれるように、囲碁でもチェスでも消費エネルギーのクラス別で試合を組めば、人間はまだまだＡＩには負けないと半ば冗談で語られることもあるくらいである。

いずれにせよ、今後のＩＴの発展の最大のボトルネックは電力・エネルギーの制約であるとする向きも少なくない。

グーグルは検索サービスを運用するために専用の発電所を保有しているし、近年急速に発展してきたビットコインなどで使われているブロックチェーンにおいても、膨大な計算作業を行うマイニング機能が大量の電力を消費するため、マイニング企業は電力の安い土地を選ばざるを得ないのが実態である。

こうした電力・エネルギーの問題に対して、各企業は消費電力効率を上げるための様々な取り組みを始めている。

例えば、グーグルはディープラーニングに特化したプロセッサTPU（Tensor Processing Unit……テンソル演算装置）を独自に開発したが、このTPUはCPUのような汎用性は持たないものの、並列・特化処理においては消費電力ベースで見た時の性能がGPUの約10倍になるとも言われている。また、先に記した量子コンピュータも、すでにスーパーコンピュータの100倍の消費電力効率を達成するなどといった成果を挙げている。

しかしこれらの研究成果が達成している電力効率の向上は、これまでと比べて10倍、100倍のレンジであるため、数万倍とも数百万倍とも予測されるこれからのデータ処理量の爆発的増大と比べると、まだまだ足りないと言わざるを得ない。

AIの発展は、プログラムの発展、ハードウェアの進歩、ビッグデータの活用の3つによって推進されてきたと解説してきたが、これからの更なる発展のためには、電力・エネルギー問題が最大の課題になる可能性がある。

以上のように様々な課題はありながらも、これからも汎用型ＡＩの実現に向けて研究開発は進展していくと考えられる。一方、現実的にはこの先しばらくは特化型ＡＩによって様々な仕事が代替されていくことが予想される。

次節では、今後の労働社会の変化について、ＡＩと人間の能力の強み弱みを比較しながら検討していくとともに、ＡＩと人間の共存社会において考慮すべき社会的課題についても解説する。

第2節　ＡＩと人間

前節で説明してきたように、21世紀に入ってディープラーニングの技術が開発され、ハードウェアの性能も向上し、ビッグデータの活用が容易になった。これによってＡＩは自律的に学習して能力を向上させていくことができるようになり、本格的なＡＩ時代の幕開けとなった。いまだ発展途上ではあるものの、ＡＩはビジネスの分野にも多々取り入れられてきており、将来的には汎用型ＡＩの実現も期待されている。

その一方で心配されているのが失業問題である。ＡＩによって多くの仕事が奪われ、失業者が大量に発生するのではないかと懸念されているのである。シンギュラリティの到来も、「人工知能が人間の知能を完全に凌駕してしまう〝転換点〟に達したら、人間の仕事は全て人工知能に置き換えられて、人間は収入を得られなくなってしまうのではないか」といった漠然とした不安や恐れ、問題意識と繋げて考える人は多い。

しかし少なくとも当面の数十年間は、こうした問題を深刻に心配しなければならないほど、ＡＩは万能にはならないと考えて良いだろう。ＡＩはあくまで人工の〝知能〟であるのに対して、人間の能力は知能だけではない。むしろ知能以外の能力が知能と相まって、ＡＩの能力をはるかに超えた様々なことができるのが人間だと考えるべきである。

本節ではこのような観点から、ＡＩと人間のそれぞれの能力の強み弱み、そしてＡＩが担える仕事の限界と人間が担うべき仕事について説明した上で、ＡＩと人間との共存社会に向けて考慮しなければならない社会的課題についても言及していく。

(1) ＡＩの強み／弱み

「汎用型ＡＩが実現すれば、たった1台のコンピュータが人類の知性の総和を上回る」――それがシンギュラリティが示しているＡＩの未来像である。

しかし実際には、この言葉から連想されるほど万能なＡＩは生まれないと考えられる。なぜなら人間の思考や脳の働きは非常に複雑であり、判断・意思決定を下す上では感覚や経験といった非認知的な要素を多々用いているからだ。つまり人間の認知・思考・判断に関わる能力のうち、完全に知的能力のみで担える範囲は限定的なのである。

シンギュラリティは、この限定的範囲においてＡＩの能力が人間の能力を上回ると述べているものであり、人間の方が優位性を持つ領域は少なくないのだ。

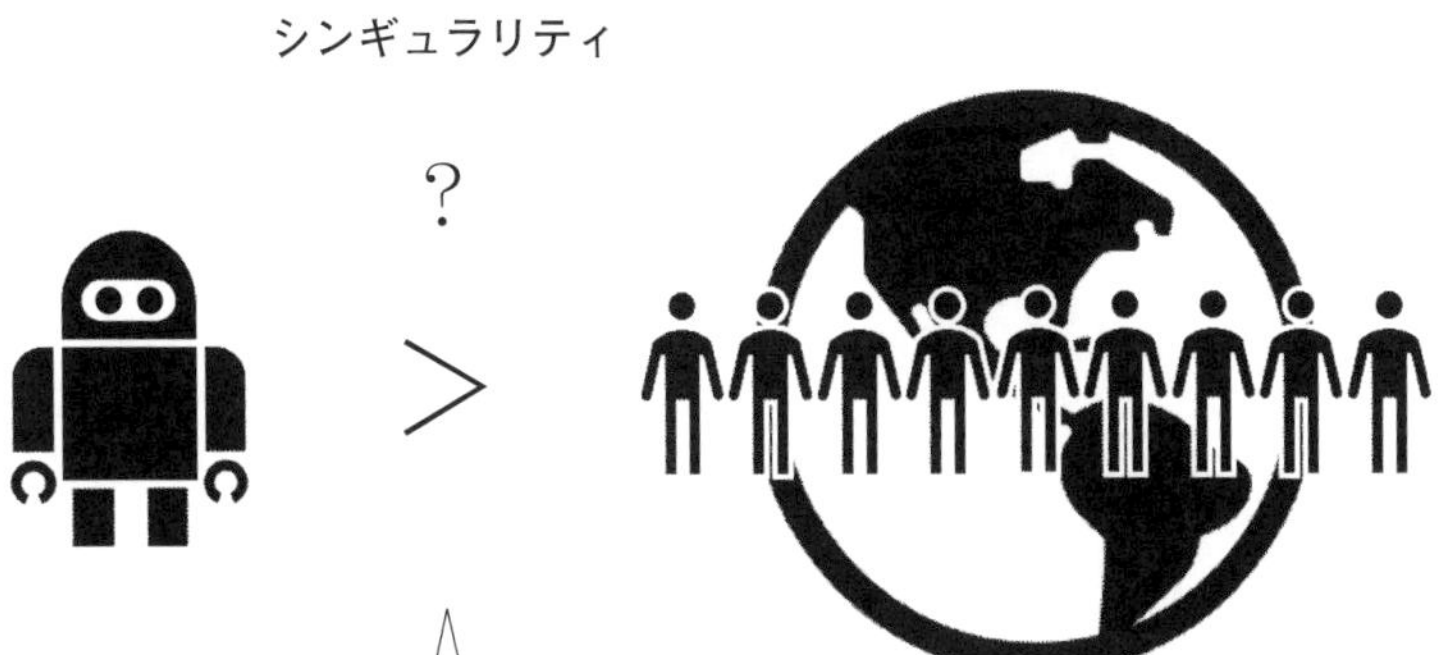

シンギュラリティ：

「汎用型 AI が実現すれば、たった１台のコンピュータが人類の知性の総和を上回る」

……は実現するか？

① AIの強み

ＡＩの発達が人間の脅威として心配されるようになった背景には、前節で説明してきたような「非定型の認知・推論が可能になったこと」と「自律学習が可能になったこと」という〝知能面〟のブレイクスルーと、「ハードウェアの性能が向上し続けていること」という〝体力面〟での進化がある。このような知能・体力の両面における革新的な進化・発展によってＡＩの可能性は大きく広がった。

ＡＩの得意分野としては、

・膨大な情報分析・処理を迅速に行う
・情報／データの特徴や規則性、相関関係を抽出・学習する
・客観的妥当性の高い解を導く

・情報を定量化する

などが挙げられるだろう。

例えばアルファ碁は１０００万局・３０００万手を学習して作られているが、この処理量は人間であれば少なくとも１０００年はかかる計算である。チェスで人間のチャンピオンを破ったディープ・ブルーも１０００万局以上の対局データを取り込んだ上で１秒間に２億局面をもシミュレートできるのだから、膨大なデータを取り込んで学習し高速処理を行うという点では、人間は全くＡＩに敵《かな》わない。

このような「データ処理」の学習と分析作業は、その仕組み自体は古くから存在していたものの、ハードウェアの性能が低いうちは実用化に結びつかなかった。しかし近年のハードウェアの性能向上によって飛躍的に進歩を遂げ、特に扱うデータが多ければ多いほど、人間よりも圧倒的に速い速度で、高い精度の処理ができるようになったのである。そしてこの学習・分析作業の中でもＡＩが特に得意としているのが、ディープラーニングによって可能となった特徴量の抽出や規則性・相関性の判断である。これらは情報やデータを基にして解を導けるという点でＡＩ向きのタスクであると言えるだろう。

処理速度と正確性以外にもＡＩが優る点がある。人間は進化の過程において「危険を回避するための思考と判断」を発達させてきたために、リスクの高い選択肢を無意識的に省いてしまう傾向にあるが、ＡＩはそのような恐怖心を持たない。また人間は経験に基づいて情報の重み付けをしがちであるため、未経験の選択肢を軽視してしまう傾向があるが、ＡＩにはそのような判断の偏りは無い。つまりＡＩは、人間の視野の外に落ちてしまいがちな選択肢を見落とさず、情報／データを客観的に読み取り、冷静に判断を下すことができるのである。

その他にも、ＡＩは様々な定性的情報を数値化し、統計的・確率的に処理し、定量的情報に変換して分析することも得意としている。この分析過程では最適解を求めるための情報処理プロセスの重み付けがなされるが、画像分析能力が向上したのも、この情報の定量化と処理プロセスの重み付けの技術が進化したことによるものである。最適解を求めるという表現からも分かるように、ＡＩは定量的情報を以て客観的妥当性の高い一つの解に収斂《しゅうれん》させるという思考・推論プロセスをスピーディーに安定して遂行することに長けているのである。

そしてＡＩはこのような様々な知的能力面での強みを持っている上に、体力的な強みまで有している。それは、休憩を必要としないため24時間稼動できることや、身体性に根ざした非合理性要因（感情など）を持たないため判断にブレが生じないことである。

しかしこれらはＡＩの弱みにも繋がり得る。

② ＡＩの弱み

人間の知的能力の中でＡＩが苦手とするものは意外に多い。それは例えば、

・少ない情報／データから推論する
・言葉の背景にある意味・意図を解釈する（本音と建て前の判断）
・因果関係を読み取る
・（非合理性を含む）人が関わる事象に対して解を出す
・トレードオフが生じる中で意思決定する
・目的／目標設定を行う
・ゼロからイチを生み出す

といったことである。

これらの多くの項目に共通しているのは、「解が一つに定まらない」もしくは「そもそも正解が無い」ものに対して自分ならではの見解を示したり、不確実性が高い状況の中で不完全な情報を基に背景を推論したり未来を予測するというような、主観や曖昧さを扱う類いのタスクであるという点である。

ＡＩは情報／データから客観的合理性を追求する形で解を導き出すが、この客観的合理性は過去の事象の規則性からの学習や統計的・確率的分析によって判断される。従って事前情報が圧倒的に不足している場合には解を導こうとしても誤差を生じやすいし、集められた情報・データに矛盾が生じている場合にその中で正しそうなものを選別することは難しい。

例えばＡＩの将来像を求めたくとも、そもそも今世の中にある情報自体が玉石混交であるため、それらの相関や規則性から推論すると誤った解になる可能性が高い。また多くの人が予想していることが必ずしも正しいわけではなく、時間が経って振り返ってみた時に、的確に言い当てていた人はほとんどいなかったというようなケースは歴史の中で枚挙に暇《いとま》が無い。こういったケースにおいてはＡＩも正しい予測を出すことは難しいだろう。

ＡＩは統計理論的に外れ値を除外したり解の誤差を修正したりすることはできる一方で、外れ値を特定しにくい情報群しかなく、正誤のフィードバックも利かない中では、正解に辿り着くどころか一つの解に収斂させることすら難しいのである。

・「壺を持ち上げるとチャイムが鳴る」のは因果関係か？

ＡＩは、人間では気付きにくいような相関関係の判断が得意である一方で、因果関係の判断は苦手である。因果の判断では、原因となる事象が起こった後に結果が得られるという時間的序列の理解とともに、意味的連鎖をも考慮する必要がある。

例えば「ガラスのコップを固い床に落とすと割れる」は因果関係があるが、「壺を持ち上げるとチャイムが鳴る」は、たとえ壺を持ち上げるたびにチャイムが鳴ることが繰り返し起こったとしても因果関係があるとは言えない。実際には「来客がある時には壺を持ち上げてまで丁寧に掃除をする」という習慣があって、その結果、壺を持ち上げた日には客がチャイムを鳴らすという事実の連鎖が起きているのだが、ＡＩはそのような意味的連鎖の捕捉・理解が苦手なのである。

このような隠れたファクターが存在する意味的連鎖は、人間であれば常識やそれまでの経験を総動員して正しく分かることも少なくないが、ＡＩは情報として得られた事実だけの中から客観的に判断を下すため、先のような誤った因果関係を導いてしまいがちなのである。

・確率論的合理性から離れたひらめき

さらに、ＡＩはデータ／情報を基にした学習スピードが速いと述べたものの、それには「既存のデータ／情報」が必要である。それに対して人間は、合理性／妥当性を超えた数々の（既存ではない）方法を考案し、それらを試してみて「失敗することで学習する」ことが可能である。つまり格言風に言うと、ＡＩはデータから学ぶが、人間は失敗から学ぶのである。

もちろんＡＩもフィードバックによる修正や学習は行うが、そのフィードバックや修正は正しい解を導くための確率を高める方向に働くものである。しかし、全く新しいアイデアや発想を生むためには、確率論的合理性から離れてひらめきや偶然を形にすることが求められる。ＡＩは「学習」のみならず「情報加工」のプロセスにまで合理性を求めてしまうために、こうした論理的合理性から離れたひらめきや偶然を形にしてゼロからイチを生み出す「創造」は難しいのである。

・本音と建て前を読み取れるか

人間は建て前の裏に隠れた本音を声色・表情といった非言語的情報から読み取った上で適切に解釈しようとするが、ＡＩはそのような非明示的情報と明示的情報との統合作業を苦手とする。実際の人間社会のやり取りにおいて、情報（建て前）をそのまま馬鹿正直に判断材料として用いてしまうと、誤った判断に至ってしまうことは珍しくない。「上がってぶぶ漬けでも食べていっておくれやす」の京都の文化の中では、ＡＩは単なる無粋な厄介者でしかない。

また、もし仮にＡＩが声色や表情を読み取って、発せられている言葉が本音ではないことを見抜くことができるようになったとしても、その状況における本音の意図を的確に捉えることは難しいであろう。その状況における様々な関連事項を、意味を踏まえた上で、声色や表情から読み取れる意図や感情と掛け合わせ、文脈として体系的に理解することができなければ、本音を探ることはできない。建て前（言葉）と本音（意図）の乖離《かいり》の度合いは人や状況によって様々に異なる上に、声色・表情も人や状況によって都度異なるため、ＡＩがパターン認識を行おうとしてもデータが足りず、解を一つに収斂させるには不確実性が高すぎるのである。

もちろん本音と建て前のギャップは人間であっても完全に読みきれるものではないし、人間であってもしばしば間違うのは事実であるが、ＡＩよりは圧倒的に優れていると考えて良いだろう。なぜなら人間は、不確実性が高い事象において、人間同士の情動や感情の共有性に基づいたヒューリスティックな直観を利用して判断を下すことができるためである。

「グーグルの猫」は１０００万枚もの画像を読み込むことでようやく猫を見分けられるようになったが、人間の幼児はせいぜい10回も猫を見かければそれがニャンコだと分かるようになる。ＡＩは膨大なデータを迅速に処理することには長けていても、その膨大なデータの学習が無ければパターン認識が難しい。これに対して、人間は少ない情報から学習して判断を下すことができるのである。

こうしたＡＩの能力の特性からすると、本音と建て前のギャップや声色・表情といった、曖昧な、そして包含する意味内容が状況によって都度変わるような対象を読み解くことは、ＡＩは非常に苦手なのである。

③ AIはあくまで人工の〝知能〟である――人間は知能だけではない――

このようにＡＩの知性／知能の強み弱みを見てみると、ＡＩが得意とするのは、具体的であろうが抽象的であろうが情報を基に思考・推論を行うことであり、合理性が求められるタスクでは実力を発揮できるものの、論理的・統計的合理性から切り離されたタスクではあまり力を発揮できないと理解して良いだろう。

一方で人間の知的能力には、合理的な思考・推論だけではなく、想像、直観、発想、大局観、未知の事象に関するシミュレーションといった様々なものがある。これによって、不確実性の高い中での曖昧なタスクにも、未知のタスクにも、ある程度対応できるのである。

このようなＡＩと人間の知的能力の差異は、人間が非明示的情報を身体性を以て得ていることと、人間固有の感覚や感性が存在することを前提として他人の感情を想像できること、そしてすでに得た情報を全く異なるシチュエーションに適用してみる柔軟性・汎用性が備わっていることによって生み出されている。

例えば商談相手に対してどのようなアプローチを行うのが適切かという問いには、事前に合理的な答えを導くことはできない。もちろん相手企業や担当者についての事前リサーチを行った上である程度の方向性は決められるであろうが、それはあくまで既存の情報からの判断になる上に、直近の社内トラブルや担当者の緊張度合いといった様々な非明示的情報はその場その時になってみないと分からない。その担当者が商談の直前に上司からこっぴどく叱られて不機嫌の極みであったなら、データを盛り込んだロジカルな提案も、世の中の流れを踏まえた感情に訴える壮大な提案も、どちらも奏功しないだろう。このような場合は、お天気と健康の話だけをして、短時間で退散するのが正解かもしれない。

このような場合、ＡＩにはそうした柔軟な判断は難しいが、人間であれば瞬間的に明示

人間とAIの“分かり方”の違い

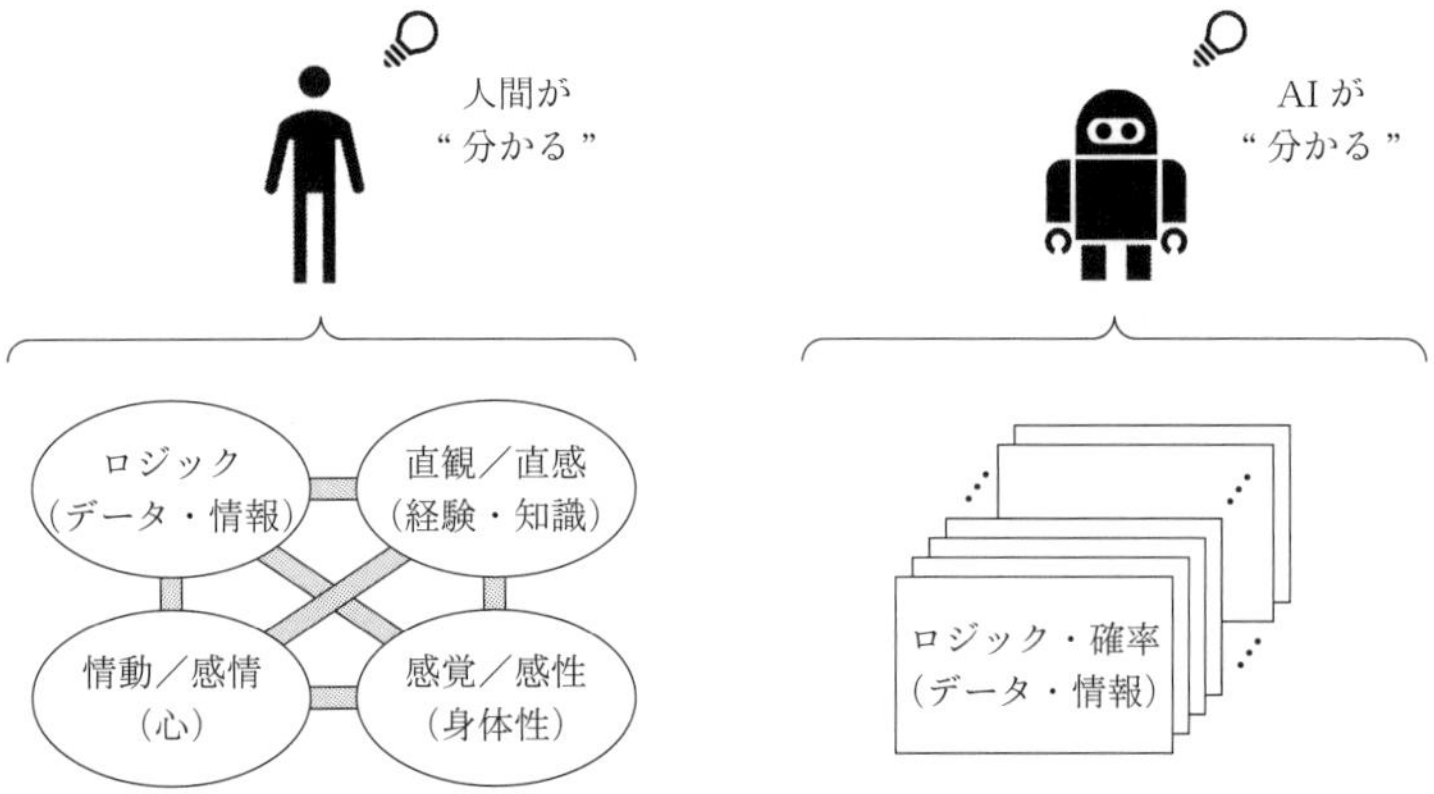

的／非明示的情報をそれまでの情報と統合し、過去の経験と照らし合わせ、直観的に方向性をシフトしていくことができるのである。

これは、人間がものを〝分かる〟プロセスにおいて、データ／情報やロジックだけではなく、情動や感情といった心や身体性に根ざした感覚や感性、それまでの経験と知識によって導かれる直観といった、論理以外の様々なファクターを用いているからこそ可能になるのである。

そして、このような個々人によって異なる固有の知識・経験・感性は情報の統合の仕方に反映され、その人の判断基準や価値観を形成する。つまり人によって〝最適解〟が異なるという状況が生み出されることになるが、むしろこれが人間の人間らしさの源泉となっているのである。

人はそれぞれ性格が異なり、経験が異なり、価値観が異なるので、ある事象に対して抱く感情も判断も異なる。つまり論理的かつ合理的に答えが一義的に決まる課題以外では、人によって最適解は必然的に異なる。これが、ＡＩと人間を比べた時の最大の「人間の本質」なのである。

このように、ＡＩは人工の〝知能〟として人間と同等かそれ以上の知的能力が期待されているものの、そもそも心や身体性を持てなければ人間の知能の全てを代替することはできず、ごく一部の代替にとどまるのである。

またこの課題は知能以外の部分にも当てはまる。例えば産業の自動化で用いられているロボットは、パワーやスピード、精密度で人間を超える部分はあるものの、このようなロボットの「作業力」と、人間の身体能力をも含んだ「対応力」を単純に比較することはできない。

オフィス街にあるコンビニで、お昼時にお客さんが溢れている状況で、カウンターでレジを打ったり、欠品したおにぎりを補充したり、探している商品が見つけられないお客さんの質問に答えたり……といった対応をスムーズに行うことには、ロボットの作業力はほとんど役に立たない。ロボットの作業力は何トンもある巨大な鉄の塊を動かしたり、深夜の誰もいない工場で疲れることもなく黙々と組み立て作業を続けたりする時にこそ発揮される。

このようなことから、たとえＡＩとロボットの技術が組み合わさったとしても、人間が不要になる社会は容易には実現しないと考えられる。人間は身体と心（意識と感情）、そして知能を使って活動しているが、ＡＩを含む機械は身体・心・知能の全ての働きを統合的な形で再現・代替できるわけではないからである。

(2) ＡＩは人間の仕事を奪うか

前項で見たように、ＡＩは決して万能ではないということを念頭に置き、ＡＩが労働市場に参入してきた場合に起こる現象と、それを受けての仕事のあり方、人間の働き方について考えてみよう。

これまで機械化・自動化が進んできたのは主に肉体労働・作業労働の類いである。製鉄や自動車の製造といった人間では為し得ないパワーを要するもの、半導体製造のように手作業では難しい精密さが求められるもの、縫製のように人力で賄おうとすると膨大な労働力と時間を要する大量生産といったように、人力を超えて生産性を高めることが可能な仕事は、現在までにほぼ全て機械に置き換えられてきた。また、人間に単純労働を長時間強いることの倫理的な問題なども相まって、いわゆる「機械的作業」には文字通り機械があてがわれてきた。このような人がやってきていた仕事の代替を知的労働の範囲で行おうとするのが生産活動へのＡＩの導入である。

ではＡＩによる知的労働の代替はどの程度生じるのか。この疑問に対する予測としては、オックスフォード大学のマイケル・オズボーンとカール・フレイが発表した調査報告書『雇用の未来―コンピュータ化によって仕事は失われるのか』が有名である。この調査報告書には、「アメリカの労働人口の47％、イギリスの労働人口の35％が10～20年以内に職を失う可能性が高い」と述べられている。また同大学と野村総合研究所との共同研究によって、日本でもＡＩによって49％の人が職を失うという報告がなされている。このように具体的かつ高い数値が示されたことによって、ＡＩに職を奪われる懸念が近年一層強まってきているのである。

過去の技術革新においても多くの人々の職を機械が代替してきた。蒸気機関の力で機械や機関車を動かせるようになった第一次産業革命の成果が世の中に浸透し、内燃機関と電力を活用する第二次産業革命が始まった１８２０年頃を境として、世界全体の生産性成長率がそれまでの年率０・０５％から１・２１％へと20倍以上に向上したことが示すように、産業革命の機械化・自動化の大波が与えた経済的インパクトは巨大であった。そして当然のことながら、機械に仕事を奪われて多くの人がそれまでの職を失った。

それでも世の中が失業者で溢れるという事態にはならなかった。なぜなら、技術革新によって無くなる職業がある一方で、同じ技術革新によって新たに生まれる職業もあったからである。

例えば自動車が登場する前には、タクシーやバスの運転手はもちろん、自動車工場の組立作業員もガソリンスタンドの給油係も存在しなかった。同じように、第三次産業革命でコンピュータが登場する以前には、プログラマーやアプリ開発などのＩＴ関連の仕事は存在しなかった。このように、技術革新によって従来の仕事が失われる一方で、その技術革新で新しい製品やサービスが生み出され、それらの新しい製品やサービスのための新しい仕事が登場してきたのである。

このように、技術革新が引き起こす産業構造のシフトに応じて労働者が職を移ることによって、社会全体としての生産性の向上がもたらされてきたわけである。デューク大学の研究者キャシー・デビッドソンは「２０１１年度に小学校に入学した子供達のうち65％は今存在していない職業に就くだろう」と述べているが、こうした過去の推移に鑑みると、この予想もあながち的外れなものとは言えないであろう。

基本的に機械による人間の仕事の置換は、総合的な生産性向上に繋がる形で行われる。これを踏まえて考えると、ＡＩ参入後の労働市場のシフトの方向性は、先に説明したようなＡＩと人間の能力特性によって決まってくると考えられる。

①　ＡＩに代替される仕事

汎用型ＡＩが登場するのはまだ少し先の話であり、当面は特化型ＡＩによって仕事の代替

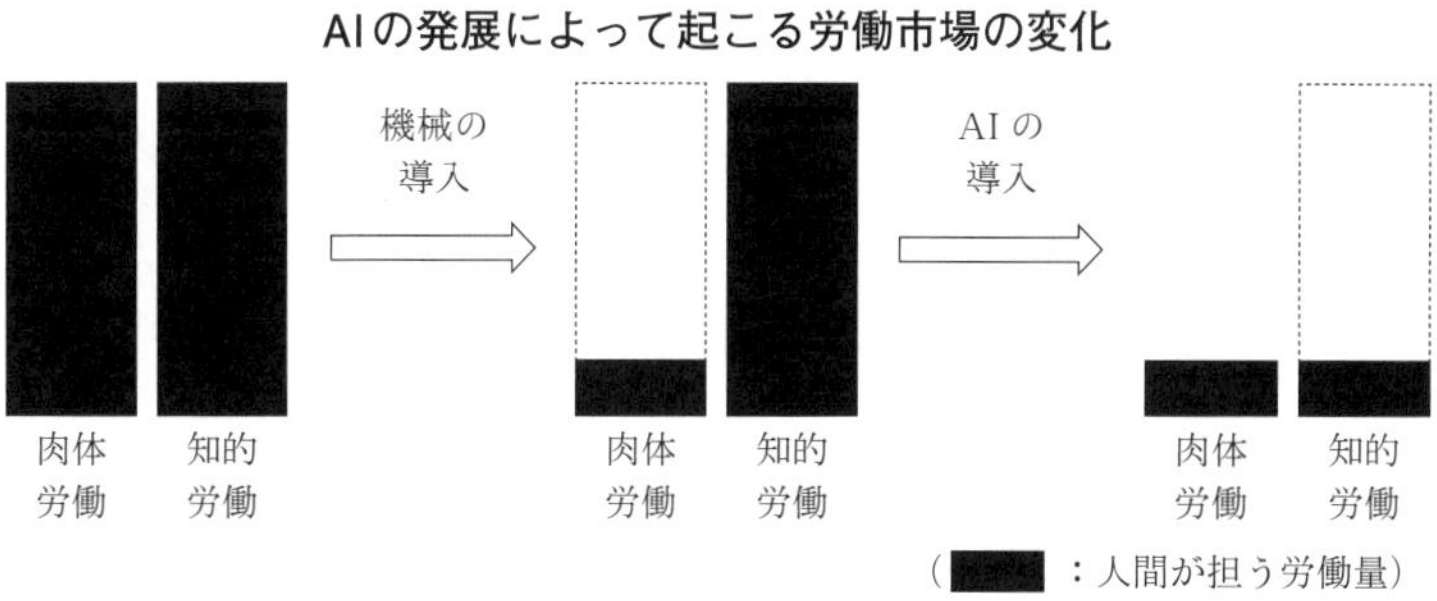

が進んでいくことになる。

特化型ＡＩは現在人間が担っている定型的情報加工と論理的判断型の仕事を根こそぎ代替してしまう可能性が高い。かつての産業革命で、何トンもある重い荷物を運んだり、岩壁を掘削してトンネルを掘ったりするといった莫大なパワーを要する仕事がほとんど機械によって行われるようになったのと同様である。

経理作業や単純なプログラミング作業といった比較的定型的な情報処理業務がＡＩによって代替されるというのは、反論の余地が無いであろう。これに加えて、ある程度高度な判断が求められるデータ分析、金融トレードといったものまで含む多くの知的労働が、今後ＡＩによって代替されていくと言われている。

すでにＡＩが取り入れられ始めている例としては、パラリーガル（弁護士助手）の判例・文献検索や、人材採用担当者の応募者のレジュメスクリーニング等がある。また、実際に米国の会計士・税理士の需要がこの数年で約８万人減少したり、ゴールドマン・サックス本社のトレーダーがＡＩの導入によって６００人から２人に削減されたりするという事態もすでに起きている。こうした流れが今後ますます加速化していくことは間違いないと思われる。

弁護士や金融トレーダーといった高度なインテリジェンスが必要とされるホワイトカラー職の知的労働は、これまでは能力が高い一部の人しか担えないことから常に需要に対して供給が少なく、それ故に高額の報酬と高い社会的評価を得てきた。しかしＡＩは、そのような仕事で必要とされる大量の専門的知識の学習、知識やインプットデータを基にした分析・推論といった能力を強みとして持っており、その水準は人間の比ではない。

つまり、単純で多くの人員を必要とする経理作業やプログラミング作業は、作業効率が圧倒的に高いという理由からＡＩに取って代わられる一方で、高レベルの知的プロフェッショナル職はその報酬額が極めて高いことから、ＡＩを導入した方がコスト的に安くつくのでリプレイスされるのである。

このように、単純な情報処理作業と、高額な報酬を得ている知的プロフェッショナル職の両面から、多くの知的労働がＡＩに代替されていくというのが必然の流れであろう。かつて機械がブルーカラー職の肉体労働をリプレイスしていったように、ＡＩがホワイトカラー職の知的労働を確実に奪っていき、仕事の「ＡＩ化」が第四次産業革命を引き起こすことになるのである。

②　ＡＩが苦手とする仕事の特徴

ところで、特化型ＡＩだけでなく汎用型ＡＩまでもが開発されると、人間と同じかそれ以上のレベルで何でも担えるように誤認されがちである。しかし先にも述べたようにＡＩは単に知能であるため、或いは単なる知能でしかないため、全ての仕事を代替することは難しい。このような認識もこれからのＡＩと人間の仕事の分担を考える上で重要である。

ＡＩが担うことが難しい仕事の特徴、性質としては、

ⅰ．身体性ベースのマルチタスク要素
ⅱ．直観／直感の要素
ⅲ．クリエイティブ要素

という人間ならではの３つの要素が挙げられる。

ⅰ．身体性ベースのマルチタスク要素

汎用型ＡＩの能力は一つのタスクに特化されたものではなく、あるタスクで習得した学習方法を他に転用できたり、過去の経験を未来の予測に応用できたりするといった汎用性・柔軟性を備えていることが前提となっている。例えば購買データの定量的分析を担えるＡＩがそれに関連する調査レポートを検索できたり、それらの情報を基に次のマーケティング施策

の案を作ることができたりするようになるといったことである。

ただし、ＡＩに担えるのはＡＩが代替可能な範囲、即ち限られた知的労働の中でのみのマルチタスクであり、それ以外を担うことはできない。

人間の動作は脳からの指令によって行われ、その動作とそれによって生じた事象は脳へのフィードバックをもたらしている。つまり人間の身体と脳を繋げている複雑な神経系は、無意識下にあるにもかかわらず、日々膨大な情報のやりとりを行って脳の学習に貢献しているのである。

このような身体感覚によってもたらされる「身体性」は、日常の様々な動作において、一見些細とも感じられるような絶妙な調整を可能にしている。小さい子供であっても、テーブルにあるコップを持ち上げる時と、本のページをめくる時と、動物を触る時で全く異なった動作を的確に行うことができるのである。

しかしＡＩがこのような身体性に基づいた膨大な「身体知」を持てない限り、身体感覚が必要とされる作業を担うことは難しい。

先ほど例示したように、今日最もよく目にすることができるコンビニ店員の仕事は、実はＡＩにとってかなり高度な業務である。レジ打ちから、発注、ロス管理、品出し、ＰＯＰの作成、掃除、マルチメディアステーションのサポートや宅配便受取の対応までを行うといったことは、身体性を持たないＡＩでは現実的には無理な話である。商品を陳列したり、釣り銭が足りなくなりそうな時に適宜補充したりするといったことだけでなく、コピー機で紙を詰まらせた時の対応や、商品を落としてお客さんの服と他の商品と床が汚れてしまった場合の対応など、身体性が必要とされるありとあらゆる対処を臨機応変に行わなければならないためである。

このように、基本的に「身体性」が求められる仕事をＡＩが担うことは難しいのである。

ⅱ．直観／直感の要素

「直観／直感」が重要となる仕事は意外と多い。例えば消防士の仕事は「身体性」だけでなく「直観／直感」が非常に重要である。

過去に、火災現場である家屋に入った消防隊のリーダーが「嫌な予感がして」全隊員に一旦屋外に出るように指示し、全員が退避した直後に床が抜け落ちたということがあった。指示したリーダーは、熱気の流れ、空気の密度など何かしらの些細なシグナルを感じ取ったのであろうが、当人はその違和感の原因を認識する前に判断を下したと語っている。

このように突発事象が生じた際の瞬発的な判断・行動では、人間は記憶・五感（＋第六感）を基にした直観／直感を利用しており、またその判断の妥当性も非常に高い。あるデータでは、ベテランの消防士が受け持った１５６件の事案の中で、直観によって瞬間的に妥当な判断を下せた事案は１２７件にも上るという。熟練のプロフェッショナルの仕事においての直観が、背後にロジックが無くともかなり高い水準で的確な判断と意思決定を実現しているのである。一方、ＡＩは五感を用いることができないため、人間であれば感じられるような些細な情報を得られず、またそうした情報を有効な形で統合できないため、このような判断は下せない。

この消防士の例は身体性を伴った直観／直感だが、知的労働の中にも直観／直感が重視されるものがある。知的労働でありながらも「妥当性の根拠が明示できないような」直観が重視される仕事とは、再現性が低い〝唯一無二〟を求められるような仕事であり、これもＡＩは苦手である。

例えば、過去の事象からの推測の範囲にとどまらず、直観や大局観が重要とされる企業の経営判断は、ＡＩにとっても最も難しい仕事の一つであろう。

企業経営では「ベストな判断」といっても、短期的合理性と長期的合理性のトレードオフや、リスクテイクの大きさと期待リターンの大きさのトレードオフ、或いは成長重視の戦略と利益重視の戦略のバランスといった、一概に一つに絞ることが難しい選択肢に満ちている。再現性がほぼ無いとも言われる企業経営の判断は、過去のデータによるリスクとリターンのバランスから割り出すことのできる、金融商品の最適な投資ポートフォリオの判断とは性質が全く異なるのである。

また、最適解の解釈が難しいだけではない。経営戦略的には、仮に企業にとっては合理的な判断が可能であったとしても、多数の人から成る組織はその通りに動かないのが常である。企業にとっては合理的でも、組織を構成する生身の社員にとってもその経営戦略が合理的である保証は無いからである。また、人間はモチベーションの源泉や判断のメカニズム、性格が一人一人異なるので、誰にどういう言葉で語りかけるのか、命令するのか、示唆するのかで相手の行動は違ったものになるし、論理的な表現をする方が有効な場合もあれば、感情に訴えた方が意志と意図がより確実に伝わる場合もある。組織には非合理的で一貫性を持たない人間の感情や組織集団のイナーシャが介在するため、企業経営の実行においては戦略の方向性や具体的施策よりも、むしろ強いリーダーシップや変革推進力の方が重要であることも少なくない。

このように合理的判断が有効に働く保証が無く、かつ多数の人を動かす必要がある分野においてAIを活用しようとしても、その適用範囲は極めて限定的なものにならざるを得ないと考えられる。

これはAIの性能の問題ではない。AIの性質の問題である。直観や大局観というものには、その妥当性を論理的に表すことができる確たる根拠は無い。判断の根拠は「この場合はこうするのが一番良さそうだ」という感覚・感性であり、その源は過去の知識や経験から得た知見を未知の事象に適用した時の、将来像をシミュレートする能力なのである。当然その解の不確実性は高くなるため、人間が担う場合には責任との抱き合わせで意思決定が下されるが、ＡＩは自ら責任をとることはできないのである。

iii．クリエイティブ要素

クリエイティブの分野ではどうか。クリエイティブの分野にも〝正解〟は無いが、星新一のショートショート風の小説がＡＩによって作られたとか、ＡＩが「レンブラントの新作」を描くことができたといった実績が、「ＡＩはクリエイティブ分野でも活躍できる」との期待を高めているようである。実際に、私もどちらの作品も観てみたが、良くできていると言えるだけの出来栄えである。十分に星新一風であり、レンブラント風であった。

しかし、これらはクリエイティブ〈創作〉ではなく単なる模倣であり、抽象的な特徴量抽出とその再現に他ならない。いわば「正解」を用意してそれに限りなく近づけるＡＩ流の製作方法をとっているだけで、ゼロイチの発想が含まれる本来のクリエイティブとは全く意味合いが異なるものである。

また、既存のアートの組み合わせを膨大に行う中で人間が思いつかないような作品を創り出す可能性はあるが、それは奇抜性によって注目されるものであり、背後に作者の想いや感性を感じさせる人間の作品のような厚みがあるものにはならない。

人間が創作する作品は、観た者が単なる紙の上の色彩やモチーフの形だけではなく、創作者の感性やメッセージを感じ取って心を揺さぶられるという特徴がある。絵画の場合、同じ

モラベックのパラドックス

「高度な推論よりも感覚・運動スキルの方が、多くの計算資源を要する」

……人間にとって容易なことがAIにとっては難しく、
人間にとって難しいことがAIにとっては容易である

作品であっても、インターネットで観るのと、生でレプリカを観るのと、本物の作品を目の前にするのとでは感動の度合いが異なることからもこのことは理解できよう。

つまり、AIはアート〝的〟な作品を作ることはできたとしても、固有の心や感性や価値観を持たないために、人の心を揺さぶるような本当の意味でのアートを創作することは難しいと言えよう。

これまでに挙げてきた代表的な3つの例示内容からも分かるように、人間にとってはそこまで難しいとは感じられないような様々な仕事が、AIにとっては非常に困難な仕事になる。これは、人間が大人になって行えるようになるような高度な推論よりも、子供でも習得可能な感覚や運動スキルの方が多くの計算資源を要するという「モラベックのパラドックス」として、AI研究の課題に挙げられているものである。

膨大な情報・データを処理して定量的な／再現的な判断をアウトプットするという、AIが得意とするタイプの仕事は必然的にAIに代替されていくが、そうではないタイプの仕事、即ち身体性ベースのマルチタスク型の仕事、直観／直感型の仕事、そしてクリエイティブ型の仕事では、今後も人間が活躍し続けると考えられる。

(3) 感情労働という仕事……情緒と身体性

ＡＩの発展とともにこうした役割分担が進んでいくプロセスにおいて、第一次・第二次産業革命で力持ちの価値が低下して設計技師などの知識を持つ人の地位が上がったような、仕事の価値の大きな転換が起きることになる。ＡＩが得意な仕事においては、人間の需要が減少し、それに伴ってそうした仕事の報酬も下がることになるだろう。一方、ＡＩが苦手とする仕事においては、人間への需要が拡大し、報酬も上がっていくであろう。

そして筆者がＡＩによる代替が最も難しいと考えているのが「感情労働」である。なぜなら感情労働では身体性と心（意識や感情）が重要であり、直観やクリエイティブ性までもが求められる最も〝人間的〟な仕事だからである。これは今後の仕事の価値の転換において最もインパクトの大きなものになるであろう。

通常「感情労働」と言うと、アリー・Ｒ・ホックシールドが提唱した「感情の抑制や鈍麻《どんま》、緊張、忍耐などが必要である労働」というような、自己犠牲的でネガティブな意味合いで使われることが多いようである。典型的な例としては、コールセンターのクレーム担当者の仕事が挙げられよう。

しかし本書で示したい「感情労働」はこのような狭義の意味ではなく、広義の感情労働である。

広義の感情労働とは、状況を読み取り、対峙《たいじ》する相手の感情を汲んで、臨機応変かつ親密に対応することで相手に情緒的価値を提供する労働を指す。つまり心情的サポートや情緒的対応、そして厚いコミュニケーションによる共感や交流が求められるものである。例えば医療や介護、カウンセラーといった人の精神的ケアを求められる職業や、高級ホテルやクラブなどでの細やかな接客がこれに当たる。

この感情労働には、先ほど人間ならではの仕事に含まれる要素として示した、身体性をベースにしたマルチタスク要素、経験と五感に基づいた直観／直感の要素、そして個性の発露としてのクリエイティブ要素の全てが含まれる。感情労働こそ人間ならではの、そしてＡＩ時代に最も大きな価値を持つ仕事になっていくと考えられる。

①　ＡＩが「他人の感情」を扱うことは難しい

感情労働は心理的負担を伴うと言われることから、ＡＩが代替すべきであるという声も聞かれるが、それは必ずしも適切な対応策だとは言えない。

理由は２つある。まず１つ目の理由は、人の感情や価値観を察知して適切に対応するというのは、ＡＩの確率論的な〝最適解〟の追求とは相容れないものであるためである。つまり直観／直感やその人ならではのクリエイティビティが求められるものである。そして２つ目の理由は、ＡＩが全人格的に（知性だけではなく情緒や身体性を以て）人間に寄り添うことが難しいためである。しかも身体性をベースにして判断するだけでなく、人間の体を使ってこそこなせるマルチタスク要素も含まれている。

例えば、重い疾病におかされている時に看護師に対して辛く当たる患者がいたとしても、それは看護師のことを嫌っているとは限らない。辛さを軽減するためであったり、看護師に構ってもらいたい場合であったりする。このようなことは、人間の看護師であれば意識的に、或いは無意識的に察知・理解して、温かく寄り添うなり、冷静に距離をとるなりといった〝人間的かつ適切な〟対応が可能であるが、ＡＩがそのような察知を行って正しい対処方法を一つに決めることはとても難しい、というか不可能であろう。

一方、教育の分野ではｅ－ラーニングなどの形で機械化が進んでおり、これには自分のペースで学習できるというメリットもある。しかし、モチベーションを喚起させたり厳しく指導したりといった「コーチ」の役目はＡＩには十分には果たせない。教育の分野はＡＩ化が進んでいるように見えても、あくまで〝参考書〟の代替にとどまっており、教育において学習成果を大きく左右するモチベーションのコントロールには人間的な感情労働こそが有効である。この全人格的な察知力と対応力が必要とされるコーチの役割をＡＩが担うことはできないであろう。

また、分析と合理的感情表現によって客に対応してくれるような〃お姉さんＡＩ〃が高級クラブにいて、丁寧かつ親密な反応や対応をしてくれたとしても、人間のお姉さんと同様の喜びや楽しみを得て満足するとか、また会いたいと思うことは少ないであろう。

このように感情労働の価値は、生身の人間から発せられる感情に裏打ちされた言葉／コミュニケーションや寄り添い・触れ合いにあり、データとプログラムとハードウェアから成るＡＩでは生み出せないものなのである。

・ペッパー君の感情的反応は感情に根ざしているか

ＡＩが担う感情に関しては、「感情を持つロボット」としてソフトバンクのペッパー君が取り上げられることが多いようである。ペッパー君は人間のホルモンバランスをシミュレートした「内分泌型多層ニューラルネットワーク」を内蔵しており、周囲の状況や出来事、会話や人の表情などに対する感情〃様《よう》〃の反応システムを持ち、よく接する人には親近感を持ったり、ポジティブな感情の時に得た経験を強く記憶したりするなど精巧に作られている。

ただしこれはペッパー君個人（個体）としての感情表明のパターン／メカニズムであって、他人の感情を扱うものではない。個人の感情の表明形態は情報の集積によって学習・修正していくことが可能だが、他人の感情を汲み取ったり察したりしようとしても、個々人で物事の受け止め方や表明の仕方が異なるため難易度は格段に上がる。

何よりも大きな問題は、ペッパー君と対峙する人間の側がペッパー君がロボットだということを知っているので、例えば相手（ペッパー君）とハグしたいかどうかというと、やはり相手が生身の人間であった方が良いと思う人が多いことである。なぜなら人間は、ロボットとハグするよりも人間とハグした方が、より幸せや温かみを感じるはずだと思っているからである。

そもそも感情とは、身体性に基づいた知覚と情動によって生じるものである。しかも、知性による思考や推論とは異なり、合理的な回答なるものは存在しない。

ディープラーニングを含むＡＩの認知・学習能力によって猫を猫だと判別することはできても、友人との死別や秋の紅葉を見た時に人によって千差万別に生じる感情は、いくら多くのパターンをインプットしても生身の人間と同じような感情を生み出せるようにはならない。仮に人間的な感情の再現をすることができるようになったとしても、そのＡＩに接する人間の方が「所詮、ＡＩの感情様のリアクションでしかない」と感じてしまうはずである。色も輝きも固さも本物と見分けがつかないほど精巧に造られた人造ダイヤモンドでも、天然のダイヤモンドと同じ値段はつかないのと同様である。

商品／製品の価値には機能価値と官能価値という2つの側面があるが、人造ダイヤモンドは機能価値的には本物／天然物と同じであっても、官能価値の面でどうしても天然物には及ばないのだ。それが生身の人間の感情であり、人間の人間らしさの根拠でもあるのである。

このように、交流・共感こそが主たる価値である感情労働は個別対応が必要になる上に、考慮すべき要素が極めて多く、それらの要素をデータ化しにくいといった技術的側面の難しさがある。そして何よりもＡＩでは心（意識と感情）も身体性も持てないことが一番のネックとなる。そのため、感情労働はＡＩでは担うことのできない仕事だと言えるのである。

② 人間は情緒的環境の中で成長する

感情労働については、ＡＩに可能かどうかという観点以外にも、もう一つ重要な問題が存在する。仮に技術的な開発が進み、ＡＩが人間と同じような感情労働を担えるような能力を習得したとしても、人間側がそれをポジティブに感じられるかということである。

ペッパー君が生まれた経緯は、合理性・効率性にフォーカスした今のＡＩ開発の流れの延長線では、ＡＩが生活に浸透した際に寒々とした世の中になってしまうのではないかという、ソフトバンク社長の孫正義氏の懸念から開発されたという。また「Siri」や「りんな」、「シヤオアイス」といった様々なＡＩチャットボットが登場しているが、彼女らは単なる機械的／画一的な対応ではなく、ウィットの利いた返しや寄り添う〝ような〟言葉をかけてくれ、その臨機応変に〝見える〟対応に何千万人もが夢中になっているというのも事実である。お互いに関心を持ち、持たれるといった関係性は、個人の尊厳や自信を保つ上で非常に重要であり、その意味では人間のような感情表現をＡＩに行わせること自体はマイナスではないだろう。

ただし、これはあくまで感情「表現」であり、人と人との間の心の繋がりや、共感・同調といった意味合いとは異なる。ＡＩは感情を表現することしかできないが、人間は仕事であったとしても心から寄り添ったり共感・同調したりするといったことが可能であるという点で大きく異なるのだ。そして心からの対応は、直接的な言葉や行為として表れていない場合でも、人間はそれを感覚的・直観的に察知するものである。

例えば幼少期に最も近しい相手である親とのコミュニケーションが上手くとれなかった場合、自信、信頼、愛情といった人との関係性の根拠となるものが十分に確立されないことや、相手を尊重するための心的スタンスの基盤が十分に形成されないことが、心理学の研究によって明らかとなっている。また乳幼児が言葉を覚える過程において、母親が直接接して話しかける場合と、音声テープで聞かせる場合では、その内容が全く同じだったとしても言語習得率は前者が有意に高いという研究結果も出ている。

つまり人間には人間同士のコミュニケーションを核とした社会的本能と心的成長のメカニズムが備わっており、機械相手ではこのような成長が阻害されることが示唆されているのである。人間は生得的に「人との接点とコミュニケーション」を求め、これが精神的・能力的成長に繋がるという前提に立てば、後にＡＩが人間と同じレベルでコミュニケーションがとれるようになったとしても、そのＡＩが人間の成長に貢献できるかというと、そこに「心（意識と感情）」と「身体性」が無い以上は難しいと言わざるを得ない。言葉や表情は作ることができるが、心や精神を作ることは難しいのである。

このように感情労働は、その内容自体をＡＩが担いにくいというだけではなく、人間が担うことの有効性と必然性も高い。だからこそ近い未来にＡＩが多くの知的労働を担うようになった際には、感情・共感が必要とされる感情労働を人間が重点的に担うといった役割分担になっていくのが必然の流れなのである。

⑷ 汎用型ＡＩ実現に向けた社会的課題

人間は、世の中を常に〝人間に適した〟社会に作り変えてきた。そもそも様々な生物が生存する世の中において everyone happy を求めることは難しく、有史以来、人間以外の動物や植物にとっての都合を犠牲にして作り上げてきたのが今の世の中である。例えば自然に生息するはずの動物を檻に閉じ込めたり、森を切り開いて街を作ったりするといったことで、人間の社会は発展してきたわけである。そして、人間の都合の良いように環境を変化させたことによって絶滅してしまった種も少なくない。

とはいえ、全ての生物のことを考慮することができるのも人間だけである。人間にとっての最適解ではなく、生態系全体にとっての最適解を求めて世の中を調整することは、人間ならではの仕事であり、能力なのだ。こうした問題意識を踏まえて、これからＡＩが人間の仕事や生活にどんどん取り入れられるようになった場合の社会のルールと仕組みについても、人間はきちんと考えておかなければならない。

〝論理的に考える〟ということについては、ある面では人間よりもＡＩの方が優秀であるというのも事実であるが、今はまだ無い世界について、想像と直観に基づいて全く新しいものを創り出すという仕事は人間ならではのもので、〝一面的な知能〟でしかないＡＩにこれからの人間社会のあり方を描かせるのは正しい対応ではない。

言い換えるなら、これから先に進化・発展していくＡＩの手綱は人間がしっかりと握っていなければならないということである。並外れた能力を持つＡＩが自由に暴れまわれる世界になってしまえば、ＡＩ以外の生物が淘汰《とうた》されてしまうこともないとは言えない。人間を含めた他の生物の生命を脅かさない範囲でＡＩを最大限活用していくためには、人間がそのルール設計を適切に行っておくことが不可欠なのである。

人間の何百倍、何千倍の物理的パワーを持つ機械であっても、その能力を活かす場面と使い方を決めるのは人間であった。同様に、人間の何百倍、何千倍の知的パワーを持つＡＩであっても、その能力を活かす場面と使い方を人間が正しく規定することによって、はじめてＡＩと人間との良き共存社会を実現できるのである。

①　ＡＩの倫理・責任問題

ＡＩを語る上で外せない話が倫理の問題である。

有名なのは「トロッコ問題」で、走っているトロッコが進行方向の線路上にいる５人を轢《ひ》いてしまわないために、途中で方向転換を行ってその先にいる別の１人を犠牲にすることは良いことだろうか？　という問題である。このまま走って行って５人が轢かれてしまうのは偶発的な事故と言えるかもしれないが、その５人を救うために意図的に１人を轢き殺してしまう選択を行うのは殺人ではないか、という問題を含んでいる。こうした問題はＡＩを実用化していく上で、様々な局面で発生する。

例えば自動運転車にＡＩが搭載されるにあたって、人の命に関わるような有事の際にＡＩがどのような判断を下すかというのは重要な観点であり、対向車に衝突するのか、歩行者をはねるのか、自ら壁に衝突して自動車に乗っている人を犠牲にするのかといった非常に難しい問題が生じてくる。これは合理性というよりも倫理観に従って判断されるべき問題であろう。そして自身を犠牲にするという判断を下す自動運転車であれば、利用する人がいるのかどうかといったことも議論されている。

また、ＡＩが人間に危害を加えた際に生じる責任問題も考えなければならない。ＡＩの思考・推論過程はブラックボックスであることに加え、ＡＩに対して法的な裁きを加えることは難しい。トラブルを起こしたＡＩを牢屋に閉じ込めておいても詮無い話である。

このようなＡＩの倫理・責任の観点から多くの有識者が検討を重ねているが、まだ統一見解には至っていない。これが定まらない限りは、リスクを伴う可能性のある分野でＡＩを活用していくことは許されない。

さらに、インターネット社会が広まったことの問題点としてハッキングやデータの盗用といった犯罪の増加が挙げられるように、ＡＩの能力を不適切に利用して悪事を働くこともできてしまうという懸念がある。しかもその能力水準を踏まえれば、影響力はこれまでのコンピュータの比ではない。人類に多大な損害をもたらしたり、非人道的行為に用いられたりすれば、たちまち人間ではたちうちができない事態に陥ってしまうであろう。このようなことから、ＡＩを野放しにするのではなく、人間がその用途や倫理規定を定め、管理することが必要になってくる。

研究者らもこのようなリスクについては恐れを以て捉えている。例えばアルファ碁を開発したディープマインド社がグーグルに買収される際に、創業者の１人であるデミス・ハサビスが「倫理委員会の設置」を条件としたのは有名な話である。彼は「全てのＡＩが人間の制御下で社会的に有益な目的で使用されるべきである」という考えから、ＡＩが現実世界に与える善悪両方の影響を検討するための新しい研究ユニット「DeepMind Ethics & Society」をすでに立ち上げ、調査・検討を進めている。

② 人間の能力低下リスク

人間の知能・知性、能力の強みは「汎用力」や「感情・感性を基にした判断力」、「答えが一つに決まらない中での意思決定力」や「直観力」などであるが、これらの能力は決して〝生きているだけで誰でも高水準に持てる〟能力ではない。

人間は何十年も生きてくる中で、因果関係の理解、知識の習得、判断と行動、及びそれに対する評価・フィードバックといった様々な経験を得ており、それによって能力を高めてきているのである。子供の頃であれば「家事の手伝いをしたら喜ばれたので、また（喜んでもらうために）やろう」といった経験であったり、大人になってからであれば「本で得た知識を業務に活かしてみたものの有効性は低かった。自分の会社のルールやしきたりを踏まえて、Aの部分をA′に変えて適用するべきであった」などといった学びや応用である。このように長い時間をかけて身体性・感情・感性と結びついた幾多の経験を得ることで、人間は能力を高めていくのである。

しかしＡＩが今後人間の生活に進出してくるとどうなるか。ＡＩが多くのタスクを担い効率的に生産活動や問題解決を行ってくれる一方で、人間が自ら生身で経験してきた「時間がかかり、大変で面倒なこと」に関わる機会を失い、結果として人間の直観力が衰えたり、他人を相手にした交渉や説得の力が育たなかったりする恐れがある。

これに近いことは、超大量情報社会の現在でもすでに起こっている。正しいかどうか分からない答えを自ら考えて導くよりも、すでにある正しい答えを一瞬で得る方が、一見効率的に見える。大抵のことは「ググれば」答えが得られる時代になっており、実際にそのような選択をする人も多く、その効率性が評価されたり当人もそれを良しとしていることが多い。

しかしそのような便利な社会になったからこそ「自分の頭で考える」「物事に柔軟に対応し、自分なりに考えた最適解を導く」ということができない人が増えているとも言われている。例えば乗り換え案内アプリもSuicaも使わずに、目的地に時間通りに辿り着くことができるだろうか。昔は皆それをやっていたし、イレギュラーな事態でも柔軟に対応できていた。なぜなら日常から「頭を使う」量が多かったからである。

このように、ＡＩ・機械による効率性と利便性がもたらされ、人間がそれに過剰に依存してしまうことは、人間の能力を低下させるリスクに繋がるのである。

さらに、感情・感性ベースではなく情報ベースで判断を下そうという意識が強まると、人間の多様性が失われるという懸念もある。情報は誰にとっても変わらない中立のものであり、個々人によって異なるのは感情・感性やそれまでの経験・価値観といった部分である。この多様な「個」の部分が薄れて「客観的正しさ」を重視するようになると、人間の判断力とスピードはＡＩに到底敵わない。このように人間の思考のベースが変化していくことは、人間が強みとして持つ思考力や判断力を衰えさせ、それが結果として「ＡＩによる人間の超越」を招くという、人間として自滅の方向性へと進んでいく恐れがあるのである。

　また、ＡＩ相手のやりとりが日常的になってしまうと人間のコミュニケーション力や感受性が低下することも予想できる。それは合理性を超えた快・不快に基づく感情を推し量ることの体得や、相手から配慮を受けることへの感謝の気持ちを持つといったことが不得手になるということである。

　どのように対応すれば与えられる得点が向上するかといった試行を繰り返し行う「強化学習」によって、ＡＩも快・不快を指標とした学習システムを搭載することは技術的に可能であるが、実際に快が得られたからといってＡＩ自身が幸福感や充実感を得られるわけではなく、快という指標をどうしたら最大化できるかといった点しか考えない。

　自分の快だけを極大化すれば良いのかとか、ある一定水準以上は快を決める基準が変わるのかといった、人間対人間の関係性の中での快・不快の最適化はＡＩには難しい。言い換えれば、ＡＩの場合は快のスコアを上げるという行動の選択・判断自体が目的化しており、結果として生まれる快そのものには直接的な価値は無い。自己の快の最大化を求めることと、自己と相手の快のバランスを最適化することと、更には社会全体の快を統合した判断は、心と身体性を持たないＡＩでは不可能なのだ。

このようにＡＩが進化・発展し、人間がその能力の最大活用を図るような世の中になってしまうと、人間が本来持っているはずの能力特性を失っていってしまう恐れがあるのである。自動車が便利だからといってどこへ行くのにも車ばかり使って歩かなくなると、筋肉が衰えて長時間歩けなくなってしまうのと同じである。

人間は、ＡＩには無い人間の強みとしての感受性や共感の能力を習得・向上させていくことはもちろんであるが、同時にそれと並行して、ＡＩを合理的に使いこなせるように自ら考え自ら判断するための理性や知性の力も衰えさせてはならないのである。

これまでに述べてきたように、ディープラーニングの登場・発展を契機として、21世紀に入って本格的な「ＡＩ時代」に突入してきた。そして、ＡＩが一部の領域では人間をも超える能力を持つことが現実になってきている一方で、いくらＡＩが発達しようともＡＩには担えない、人間の強みとなる能力も多々残されていくことが明らかとなってきた。

今後、ＡＩと人間との共存社会を豊かなものとするためには、本節で述べてきたように、それぞれの能力の強み弱みを活かす形での分担を行うことが必要なのである。そしてそのような共存社会を構築し、更に発展させていくためには、ＡＩと人間が共存するための倫理や責任といった社会の規範やルールを再構築するとともに、人間も人間ならではの価値を生み出し続けられるように、積極的に学び、感じ、創造し、交流する生き方が求められるのである。

第Ⅱ章　ベーシック・インカム（ＢＩ）の仕組みと効力

第Ⅰ章で解説したＡＩと並んで、近年急速に世の中の話題に上るようになってきているのが「ベーシック・インカム（Basic Income／以下、ＢＩ）」である。

一人当たりＧＤＰが３万ドルを超えて経済成長が落ち着いてきた先進各国では、市場主義的なメカニズムによって必然的に生じる格差と貧困が大きな社会問題となっている。

この格差と貧困の問題に対して、各国政府は様々な経済政策を施したり社会保障／社会福祉を充実させて対応しようとしてきているものの、根本的な問題解決には至らず、人口と経済の成熟化が進むにつれて問題は深刻化していっている。また対症療法的にあれやこれやと対応策を講じてきた結果、多種多様な施策が交錯して複雑になり、運用が困難になってきているという問題も生じている。

こうした状況を打開する手段として、近年世界中から注目が集まっているのがＢＩである。ＢＩは「健康で文化的な最低限度の生活を営む」ために国民全員に現金で与えられる基礎的（Basic）給付（Income）で、政治学では〝生存権所得〟とも言われている。このＢＩは、様々な社会保障制度を一元化できる上に、給付漏れが起こらず、受給者にも理解しやすいシンプルな制度であることが評価されている。

また、制度の実用化に向けて２０１６年のオランダや２０１７年のフィンランドをはじめとする複数の国・地域でＢＩの導入実験が行われており、先進国を中心に少しずつその動きが広まっていることも、世間で広くＢＩに関心が向けられるきっかけになっている。

日本でも様々な社会福祉制度や社会保障制度の改定が行われてきたものの、近年とみに貧困問題は深刻さを増し、階層間格差が広がり続けている。こうした現状に鑑みると、今後少子高齢化と人口減少が加速度的に進んでいくわが国においては、経済構造と社会構造を根本から立て直さなければならない局面を迎えているのは言を俟《ま》たないであろう。そうした流れの中で、ＢＩは前向きに検討されるべき施策であると筆者は考える。

本章ではこのような観点から、ＢＩの有効性、そして日本における必然性と実現性について考察していく。

まず第1節では、ＢＩとはそもそもどのようなものなのか、そして従来の社会保障制度と比較した時にどのような利点を持つのかといったことについて、制度面、経済面、思想面の3つの観点から評価した上で、ＢＩが導入された場合に生じる働くことの意味の転換にも言及する。

続く第2節では、フリーライダー問題や財源問題といったＢＩに対する様々な懸念を紹介した上で、解決策を提示しながら、わが国におけるＢＩの実現可能性について検討していく。また、様々なメリットがありながらＢＩがなかなか実現しない真因についても解説する。その上で、すでに各国において実施されたＢＩの導入実験例を紹介し、その成果に触れながらＢＩの現実的な有効性について検証する。

最後の第3節では、格差と貧困の現状とその背景を紹介した上で、日本をはじめとする現代の先進国が依拠している民主主義、資本主義が制度疲労を起こしてしまっている構図を解説し、ＢＩの必然性を示す。

第1節　BIの仕組みとメリット

ＢＩは、従来の社会保障制度と比較して制度的な長所や経済的メリットなどの優れた点が多く、更に人が働く意義やスタイルを変え、社会に新しい豊かさをもたらす作用をも持つ。これらについて、制度面、経済面、思想面という3つの側面から順に解説していく。

(1) そもそもベーシック・インカムとは

本来ＢＩとは、UBI（Universal Basic Income……ユニバーサル・ベーシック・インカム）とも呼ばれる「全ての国民に対して生活を賄えるだけの一定額の金銭を無条件で無期限に給付する」制度を指す。

つまりＢＩとは、

① 無条件給付である（受給のための条件や、年齢・性別・疾病の有無・就業状況等の制約が無い）

② 全国民に一律で給付される

③ 最低限度の生活を営むに足る額の現金給付である

ベーシック・インカムとは

BI（ベーシック・インカム）

「全ての国民に対して、生活を賄えるだけの
一定額の金銭を無条件で無期限に給付する」制度

【要件】
①無条件給付である（条件・制約が無い）
②全国民に一律で給付される
③最低限度の生活を営むに足る額の現金給付である
④受給期間に制限が無く永続的である

④　受給期間に制限が無く永続的である

という４つの要件が特徴である。

これらの要件から分かるように、ＢＩは現在の社会保障制度とは全く異なるシステムである。受給年齢の更なる引き上げが検討されている年金制度、自ら申請して数々の条件に適合していることを証明しなければ受給できない生活保護、非就業期間が長引こうとも一定期間しか受給できない失業保険などといった従来からの社会保障制度と比較すると、ＢＩの様々な特徴は一目瞭然であろう。

以下、ＢＩを導入した場合にどのような効果がもたらされるのかについて、制度的長所、経済的メリット、思想的意義といった３つの観点からＢＩを評価し、最後に人が働くことの意義の転換に繋がっていくことについても言及する。

⑵ ＢＩの制度的長所

従来の社会保障制度と比較すると、ＢＩの制度的な長所として５点挙げることができる。

5点の長所とは、

①シンプルである
②運用コストが小さい
③恣意性と裁量が入らない
④働くインセンティブが失われない
⑤個人の尊厳を傷つけない

である。

ここではBIを論ずる際によく比較される生活保護制度と対比する形で、各項目について説明していこう。

BIの5つの制度的長所

①シンプルである
②運用コストが小さい
③恣意性と裁量が入らない
④働くのインセンティブが失われない
⑤個人の尊厳を傷つけない

① シンプルである

BIは全国民一律で無条件に現金が給付されるという点において、最高にシンプルで分かりやすい制度だと言える。

生活保護の場合、まずは受給者自らが窓口に申請に行く必要がある。その後、申請者への給付の可否を行政側が判断するためには、

・生活状況を把握するための実地調査（家庭訪問等）
・預貯金、保険、不動産等の資産調査
・扶養義務者による扶養（仕送り等の援助）の可否の調査
・年金等の社会保障給付、就労収入等の調査
・就労の可能性の調査

といった数々の調査を行わなければならない。

このように各種の調査項目をここに列挙して書き記すだけでもうんざりするが、実際に給付に至るまでにはこれらの事項の事実を入念に調べ上げ、細かな事項まで書き込んで書類の束を作ることを想像すると、気持ちが萎えてしまうほどである。

また、このような調査を経てやっと申請が通り、給付対象者と認定された場合であっても、

行政側は

・最低生活費から収入（年金や就労収入等）を引いた額の算出
・ケースワーカーによる年数回の訪問調査
・就労に向けた助言や指導

といった対応が、

受給者側は

・収入の状況の申告

・求職活動の申告

といった作業・手続きが継続的に必要となる。

つまり毎月煩雑な個別対応を求められ、受給者をとり巻く家庭環境・就業状況に変化があった場合には、その都度、支援内容の変更が求められるのである。

このような複雑な仕組みは行政側の負担になるだけではなく、利用者側の制度に対する正しい理解・把握をも困難にさせており、受給漏れや、本来受給できるはずの金額を受け取れないといった問題が多々生じる原因にもなっている。

これと比較すると、ＢＩの給付条件は「国民であること」のみであり、金額も一定なので査定や計算も必要なく、受給漏れも起こらない。まさにシンプルの中のシンプルな制度なのである。

② 運用コストが小さい

①でも述べたように現行の制度は複雑であり、その複雑なルールを適用するために膨大な運用コストがかかっている。

生活保護に関連する職員は、専任・兼任含めて全国で約1.4万人である。実際の生活保護行政の運営に際しては、この1.4万人に加えて非常勤や外注なども多数併用されている。

このような大勢の人手をかけて、約1000万人と推計されている受給資格者や約200万人の受給者を相手に、①で挙げたような「生活状況を把握するための実地調査」「預貯金、保険、不動産等の資産調査」「扶養義務者による扶養の可否の調査」「年金等の社会保障給付、就労収入等の調査」「就労の可能性の調査」、及び「最低生活費から収入を引いた額の算出」「ケースワーカーによる年数回の訪問調査」「就労に向けた助言や指導」といった審査・給付業務を毎月行っているのである。膨大な手間と作業、コストをかけている実態は説明するまでもないであろう。

これに対してBIでは、給付に対して特段の審査や調査を必要としないため、人手と運用コストははるかに小さいのである。

③ 恣意性と裁量が入らない

現行の社会保障制度では、福祉や保障を必要とする対象者に対して、貧困者には貧困対策の、障碍者には障碍者支援の、失業者には失業対策の、といったニーズ対応型の個別サービスを提供しようとしているため、受給要件に関する様々な調査・審査を必要とする。そしてこの調査や審査の中には、家庭訪問や聞き取り調査などといった、かなり個人的事情に立ち入った内容に関する定性的な判断が少なからず含まれ、そうした定性的判断によって給付の

生活保護捕捉率の国際比較（2010年）

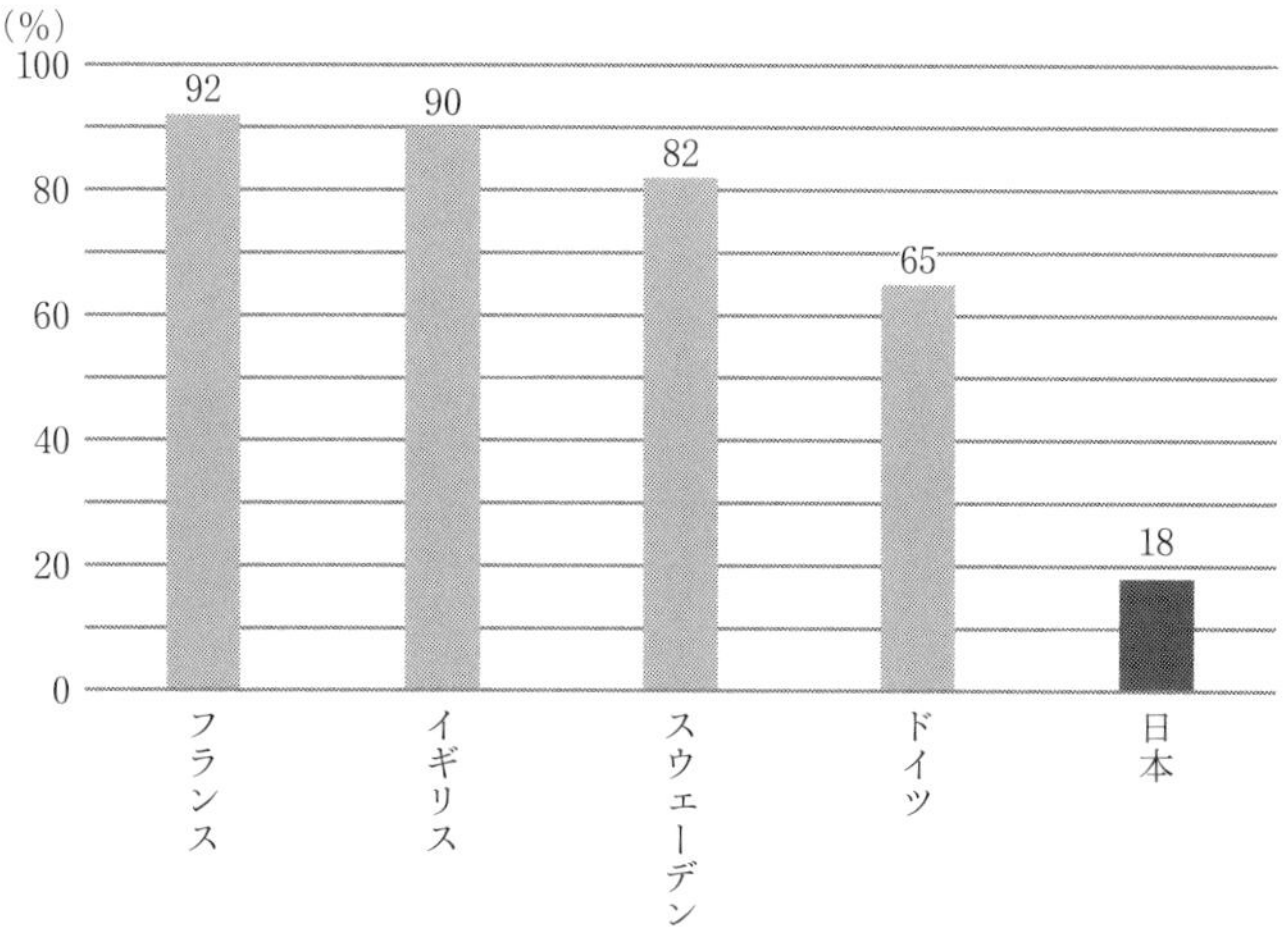

（尾藤廣喜、他『生活保護「改革」ここが焦点だ！』を基に筆者作成）

可否が決められている。

当然のことながら、この定性的判断には調査員の恣意性と裁量が介在することになる。それでも、紛らわしい場合には給付を認めるという方針の下に判断がなされていれば福祉や保障の目的は推進されることになるのだが、実際の運用方針は全く逆で、「微妙な場合は給付せず」のスタンスである。

現在日本では、収入・所得水準から判断すると生活保護の受給資格者は約１０００万人も存在する。にもかかわらず、実際には約２００万人しか給付を認められていないという実態からしても、莫大な数の受給申請が却下されているということになる。こうした現実を見ても、給付の可否の決定においてかなりの裁量があり、少なからず恣意的な判断が介在していることは間違いないであろう。

それどころか実際の申請対応の現場では、相談を受けるだけで申請を行わせなかったり、本来受給できるはずの対象者に対して給付を認めなかったりする「水際作戦」や、申請の指導という名の下に対象者に就業実態の虚偽報告を強いて生活保護を打ち切って餓死させてしまった事件など、生活保護の不正受給に対する過剰な防衛策によって貧困者の生存権が脅かされるような事例が後を絶たない。

経済的困窮に陥っている当事者の事情は極めて多様である。だからこそ様々な観点から審査・評価する必要性が生じるのであるが、その結果、同じように困っている人でもスムーズに受給できる人といつまでも受給できない人に分かれてしまい、不公平／アンフェアと感じざるを得ない事態が生じているのである。

こうした問題は、審査制度の複雑さと、制度の適用が審査担当員の恣意性と裁量に委ねられていることが主たる要因である。一方、ＢＩでは特段の審査が必要とされないため、恣意性と裁量が入る余地が無い。つまりＢＩならば公平／フェアな給付が可能になるのである。

④ 働くインセンティブが失われない

現行の生活保護制度においては、就労収入が得られるようになると、給付金が減額もしく

生活保護世帯類型別被保護率（2014年度）

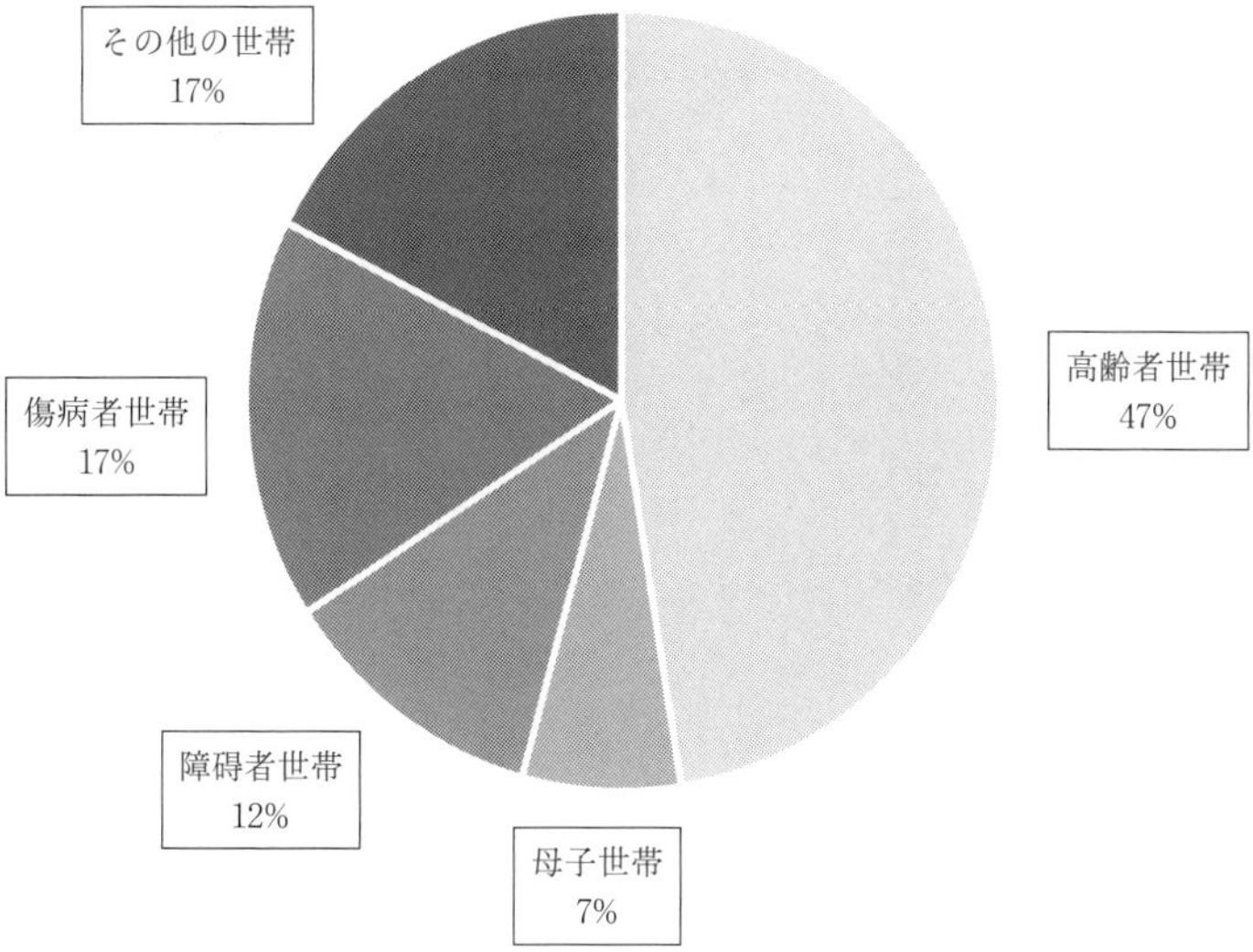

（国立社会保障・人口問題研究所統計資料「世帯類型別被保護世帯数及び世帯保護率の年次推移」を基に筆者作成）

は打ち切られる。生活保護制度は対象者の収入が生活に必要な最低限度の金額ラインに達していない場合にその不足分を国が補うというシステムであるため、仕方のないことと言えるかもしれない。

一方で、このような制度は「働いても働かなくても収入が変わらない」状況を生み出すため、働くインセンティブが成立しにくい。また、生活保護世帯であれば受けられたはずの医療扶助などのサービスも、生活保護を抜けてしまうと自己収入で賄わなければならなくなってしまう場合もある。つまり、働いて収入を得られるようになって自立した途端に、生活保護受給時よりも貧しい暮らしになってしまうことも少なくないのである。こうした現実を踏まえて、生活保護に頼り続けることを選択する人もいるというのが実態である。

これは即ち、現行の生活保護制度が「頑張って働く」意思・意欲を削《そ》いでしまうという、非合理的で非倫理的な制度になってしまっていることを意味する。いくら生活保護制度に就労をサポートするサービスがあっても、これではなかなか状況が改善されないのも当然のことであろう。

その点、ＢＩの場合は追加的に労働収入を得ても給付額は減額されない。つまり「頑張ればそれに応じたメリットがあり、頑張ることのデメリットは存在しない」状態になるため、働くインセンティブが失われない。このようなことから、ＢＩは経済的にも倫理的にも理に適《かな》った制度だと言えるのである。

⑤ 個人の尊厳を傷つけない

生活保護の申請と審査の手続きについては先述したが、実際に審査が行われる場で担当者から心ない言葉を投げかけられたり、個人的事情に立ち入った詮索をされたりすることで、申請者が精神的なダメージを蒙《こうむ》ることも少なくない。

生活保護を申請する人のほとんどは、生きていくために必要な収入を得られない様々な事情を抱えているからこそ申請に来ているのである。十分に働けない理由や、家族や周囲の人に頼れない状況、なぜお金を失って困窮しているのか等々、人には言いたくない事情がある場合が多い。

それでも生きていくために、それも自分のためというよりも、抱えている子供や介護が必要な近親者のために意を決して申請に出向いてきている人もいる中で、煩雑な書類を何枚も書かされた上に面談で辱めを受けたり人格を否定されたりするようなことがあれば、絶望的な心境になってしまうのも無理もないだろう。

つまり生活保護は、本来であれば人道的施策であるはずなのに、結果として個人の尊厳を傷つける非人道的・非道徳的な運用がなされてしまっている可能性があるのである。本来責めを負うべきは、様々な事由で生活保護を必要としている弱者ではなく、無理難題を押し付けて受給資格者の8割以上をふるい落としている行政の方ではないだろうか。

なお、生活保護の不正受給額は2010年時点で約130億円（全体の約0.4％）であり、その実態は「収入（年金含む）の無申告・過小申告」が約8割を占めている。この不正受給率0.4％という数字は世界的に見ても驚異的な低さであるが、それでもこの不正受給率を更に減らすために、厳しい水際作戦や心ない言葉の投げかけが横行しているのである。

収入面から見た本来の受給資格者のうち2割の人にしか生活保護が支給されておらず、申請を却下された結果として毎年のように餓死者や凍死者が発生している現状に鑑みると、制度と運用実態の早急な見直しが必要であることは言を俟つまでもないであろう。

その点、ＢＩであれば心に傷を負うようなやりとりも生じず、堂々と本来の額の給付を受けることができるため、個人の尊厳が守られるのである。

ここまで主に生活保護を比較対象として挙げてきたが、このような状況を考慮するとＢＩが相対的に〝良い〟社会保障制度であることは間違いないであろう。

(3) ＢＩの経済的メリット

① マクロ経済のメリット……景気対策としても有効

ＢＩには、社会保障制度としてのメリットが大きいだけではなく、景気対策としても大きな効果をもたらすというマクロ経済的なメリットがある。

一般的に収入が少ない世帯ほど、食費や家賃、光熱費や通信費といった生活必需費や、衣服や日用品への支出に充てる金銭の割合が多く、貯蓄に回せる割合は小さい。このように収入のうち消費に回す支出の比率が高いことを「消費性向が高い」と言い、貯蓄に回す比率が低いことを「貯蓄性向が低い」と言う。

一方収入が多い世帯では、食事や生活必需品、嗜好品《しこうひん》や遊興に支出する金額自体は低所得世帯と比べて大きいものの、総収入に対する消費支出の割合は小さく、支出せずに残った金額を貯蓄や資産運用に回す割合が大きくなる。つまり高所得世帯では、消費性向は低く、貯蓄性向が高いということになる。

有事の場合を考えて貯蓄を行うこと自体は否定されるべきではないが、経済が停滞している状況においては、国民がお金を使わずに貯め込むことに励めば励むほど、国全体の消費は減退し、経済の活力もますます低下していく。日本の消費動向はこの20年間ずっと停滞しており、世帯あたり消費金額で見ると近年は減少傾向にある。また、中間層以下の大多数の国民の所得も低迷が続いている中では、現行の経済政策のままでは消費が活性化していくことを期待するのは難しい。

日本はこれまで景気対策として数々の財政政策や金融政策を講じてきたものの、根本的な景気回復にはほとんど貢献できていない。

財政政策では、１９９５年以降の20年間で、公共事業の積み増しや各種補助金の支給、減税特別措置などで２３０兆円にも及ぶ財政出動を実行してきた。年平均すると約11兆円となり、消費税５％分に相当する莫大な金額である。金融政策についても、世界初のゼロ金利政策を１９９９年に打ち出し、それでも十分でないとなると未曽有の量的緩和策によって市中にマネーを流し込んできた。

家計消費支出の推移：2人以上世帯

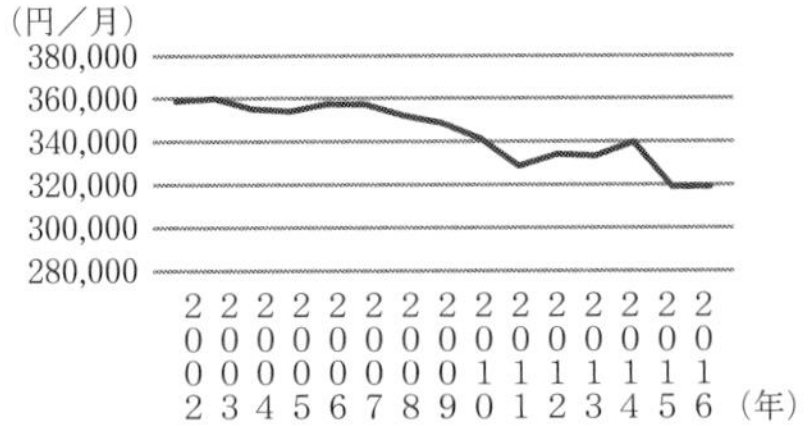

（総務省統計局統計資料「家計消費状況調査」を基に筆者作成）

企業内部留保額の推移（1996年度〜2016年度）

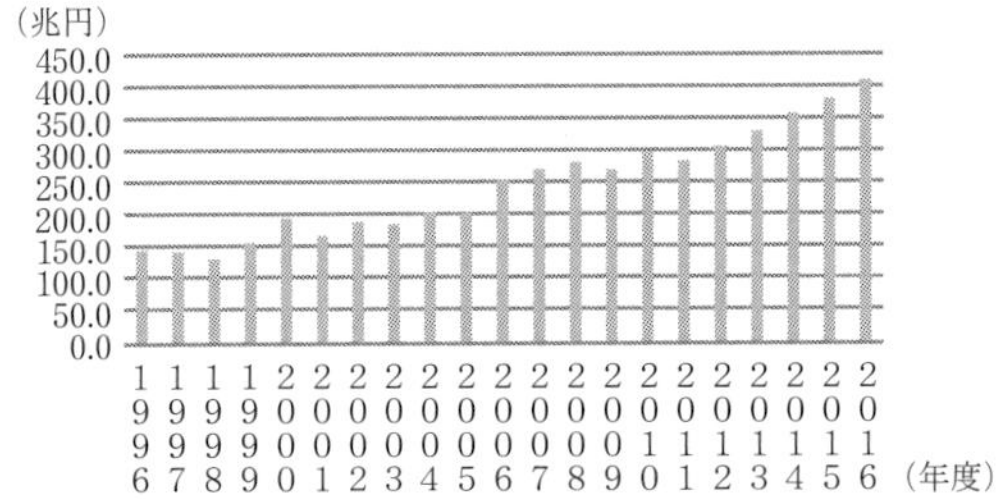

（財務総合政策研究所統計資料「法人企業統計：法人の資産・負債及び資本の状況等」を基に筆者作成）

保有資産別世帯数の推移と増加率（2005年〜2015年）

	世帯数（万世帯）						世帯増加率（%）
	2005年	2007年	2009年	2011年	2013年	2015年	2005年〜2015年
富裕層世帯（資産1億円以上）	86.5	90.3	84.5	82.0	100.7	121.7	40.7
中間層世帯（資産1億円未満）	4813.8	4870.9	4924.8	4955.3	5149.6	5168.7	7.4
貧困層世帯（資産ゼロ）	1505.3	1287.2	1429.4	2017.7	2358.8	2365.8	57.2
総世帯	6405.6	6248.4	6438.7	7055.0	7609.1	7656.2	19.5

（金融広報中央委員会統計資料「家計の金融行動に関する世論調査」および野村総合研究所レポート「日本の富裕層は122万世帯、純金融資産総額は272兆円」を基に筆者作成）

その結果が、1000兆円を超える国債発行残高と、これ以上下げようのない長期金利相場（0〜1％）である。そしてこれだけ可能な限りの財政・金融政策を行ってきたにもかかわらず、1995年に517兆円であったGDPが20年後の2015年でも532兆円とほとんど成長していない（年率でわずか0・15％増）。

なぜ数々の政策が景気回復・経済成長に有効に機能しなかったのかというと、これまでの政策は大企業や富裕層を豊かにする半面、ほとんどの国民が属している中間層〜低所得層の生活を苦しくさせ、国全体としての消費を抑制する類いのものだったからである。

大企業や富裕層の優遇と中間層〜低所得層の冷遇という二極化は、国民経済のストック面を見れば明らかである。2005年から2015年の10年間、GDPは実質ゼロ成長であるにもかかわらず、企業の内部留保額は202兆円から378兆円へと176兆円も増え（87％増）、富裕層の金融資産も213兆円から272兆円へと59兆円も増えている（28％増）。そして同じ期間に資産1億円以上の富裕層世帯が87万世帯から122万世帯へと41％増えた一方で、資産ゼロ世帯も1505万世帯から2366万世帯へと57％も増えている。つまりこれまでの政策はごく一部の人と企業を豊かにした半面、多くの中間層は豊かになれないままであり、そして中間層のうち少なからぬ人々が貧困層に転落していったことを示している。「資産ゼロ」とは収入の全てを消費に回しているということであり、「カツカツ」か「足りない」生活を強いられていることを示している。これでは消費が活性化しないのも当然であろう。

人口増加が止まった先進国においては需要が成熟しており、潜在成長率も停滞する。そうした状況の中で大企業と富裕層に恩恵をもたらすだけの政策を展開すると、階層間格差が拡大し、中間層～低所得層は困窮化して、国民経済全体としての活力は低下していく。人口が成熟し、潜在成長率が停滞している中で、経済格差が拡がり中間層がますます縮少していく日本においては、いくら金利を下げたり貨幣供給量を増やしたりしても社会のボリュームゾーンを形成する中間層の所得と消費には繋がらないため、景気の高揚と国民経済の成長は実現しないのである。

ちなみに富裕層を富ませることで国全体が豊かになるというトリクルダウン理論は、富裕層の富が国内に再投資されることで成立する。しかし国境の壁が無くなりグローバル化が進んだ現代では、国内の大企業や富裕層に貯まった資金は国外の高成長市場に再投資されるため、潜在成長率が低下した国内には資金が回らず、トリクルダウンのプロセスは〝必然的に〟起こり得ない。

このような状況においては、低所得層を中間層へと押し上げ、消費活動を後押しすることが、経済活性化のために必要不可欠なのである。そしてそのためには、消費性向の低い富裕層から消費性向の高い低所得層へと富を移す「再分配」が求められる。貯め込む一方である富裕層の懐から生活に困窮する低所得層へとお金が渡れば、そのほぼ全額が衣食住や子供の学費、家族の休暇旅行などといった消費に回るのである。

消費性向の高い中間層～低所得層に対して広くお金が回るＢＩは、国家全体としての消費を押し上げるための巨大な再分配施策である。このようにＢＩは国民経済を活性化させ、経済成長を促進する効果を持っているのである。

② 企業・産業界も活性化させる

ＢＩは社会的弱者を支援する社会保障制度として優れているだけではなく、国民経済を活性化させる機能も持つことを解説したが、更に企業にとってもメリットがある。それは、これまで企業や産業界が担っていた従業員に対するセーフティネットを、ＢＩという国の制度によって代替・補完できるためである。失業した時のセーフティネットが国によって整備されていれば、解雇規制の緩和や雇用保険の軽減といったことも期待できるであろう。つまり公的なセーフティネットが整備されることで企業の負担が軽減され、より自由に、合理的に市場対応することができるようになるのだ。

高度経済成長以来、これまで日本人の生活の安心と安定は３つのセーフティネットによって保たれてきた。１つ目は年功序列・終身雇用といった企業や産業界が担うセーフティネット、２つ目は夫婦だけでなく両親も同居して家事・子育て・介護といった家族のケアを分担する家庭面でのセーフティネット、そして３つ目が社会保障制度による公的なセーフティネットである。

日本企業は社会保険料の負担だけでなく、従業員に一生雇用を保証する終身雇用や、家族にお金がかかるようになるのに合わせて給料が上がっていく年功序列制度、更には社宅や持家支援制度といった様々な福利厚生によって、日本人の生活の安心と安定を担ってきた。高度経済成長期にあっては、企業の売上高も利益も右肩上がりで成長していたため、こうした従業員に対する手厚い処遇は要員確保のためにも合理的であった。

しかし高度経済成長期が終わり、経済が停滞するとともに激烈な競争が始まると、手厚い処遇や解雇規制は日本企業の環境変化への対応やコスト削減の足かせとなってきた。

事業環境の変化に対応して、旧来の事業をたたんで新しい成長分野へ進出しようとしても、従業員の解雇が法律で厳しく制限されていたために実行することが難しかった。かといって旧来の事業に携わっていた従業員を新しい分野で活用しようとしても、現実問題としてそれも難しい。それまで繊維業の工場で働いていた従業員にシステムインテグレーションの業務を担ってもらおうとしても、それまで鋳物工場で職人をやっていた人に画像解析の研究をやってもらおうとしても、必要なスキルが全く違い、転用が難しいためである。このように従業員解雇の自由が認められていなかったことが、日本企業のダイナミックな戦略展開を阻む一因となっていたのだ。

しかしＢＩが導入されれば、仮に職を失ったとしても、企業の従業員のみならず、解雇された人の家族まで最低限度の生活が守られることになる。つまり国民生活の安心と安全を支えるための負担を、企業が負わなくて良くなるのである。解雇規制が外されれば、環境変化に対応して迅速・大胆にリストラを実行することができるようになるし、手厚い福利厚生も軽減することができるので、固定費のコストダウンにもなる。その結果、企業は市場主義的な、自由で柔軟な経営戦略をとれるようになるのである。

このようにＢＩは、企業にとっても、市場に対応するために必要な戦略の自由度とコストダウンという大きなメリットをもたらしてくれるのである。そして市場の変化にマッチした経営戦略が可能になれば、日本の産業競争力が上がり、日本経済にとってもプラスとなる。日本経済の成長にも貢献し得るのだ。

実際、手厚い社会保障で国民生活のセーフティネットが整備されている北欧諸国の経済が、２０００年代以降、北欧以外のＥＵ諸国以上に好調なのは、こうした解雇規制が緩いことなどを背景とした自由な企業活動によって産業構造が高度化し、生産性の向上が継続しているからである。

こうした現実を踏まえると、沈滞と閉塞が長く続いている日本でこそ、企業の競争力の復活と産業構造の高度化に向けて、ＢＩの導入が大きなメリットを与えてくれると期待できるのである。

(4) BIの思想的意義

ここまでBIは様々なメリットを持つ社会保障制度であることについて説明してきたが、実は思想的な観点からも良くできた制度であるということを解説しておこう。BIは民主主義社会における社会正義を実現するためにも有効な制度なのだ。20世紀の最も偉大な政治哲学者の一人と言われているジョン・ロールズの「正義の原理」である。

① 民主主義の正義

ロールズが規定した民主主義社会の「正義の原理」とは、

i．個人の自由が全員平等に尊重されていること

ii．機会が全員平等に与えられていること

iii．iとiiを現実的に担保するために、生得的諸条件の格差が極少化されること

の3つの条件が、i、ii、iiiの順で最大限に満たされることである。

自由民主主義社会であっても、生まれた家の所得や資産によって、現実的にはどうしても実質的な自由の制限・機会の不平等が生じてしまう。貧しい家庭に生まれると高度な教育を受ける経済的余裕がなく、希望する職業に就けないという実質的な自由の制限があったり、

逆に大資産家の家に生まれると、その家の持つ家業や土地などの既得権から得られる収入によって労せずに豊かな生活を営むことができるという不平等である。

こうした現実に対してベルギーの政治哲学者フィリップ・パリースはロールズの「正義の原理」を踏まえた上で、著作『ベーシック・インカムの哲学』において、ＢＩの意義と有効性を政治学的・経済学的に鋭く説いている。現代民主主義社会のあるべき姿を考えると、資産所有に基づく様々なレント（不労所得に繋がる既得権）を排したり、市場主義経済において必然的に生じる構造的な機会の不平等を解消したりするためには、ＢＩが有効かつ必要であるという主張である。

特に近年の高度資本主義社会においては、ジョセフ・スティグリッツやトマ・ピケティが警鐘を鳴らしているように個人／家計間で不可逆的に資産格差が拡大しており、国民の厚生や社会保障の面での深刻な問題になっているだけでなく、資本主義経済のダイナミズムまで阻害するほどになっている。富裕層にますますお金が集まり、貧困層は働いても働いても貧困から抜け出せず、消費活動／生産活動の両面での主力階層である中間層が貧困層へと落ち込んでいくことは、民主主義的な観点からだけではなく資本主義経済のダイナミズムの維持のためにも改善しなければならない重大な問題なのである。

生きていくことすらままならない貧困層に固定化されてしまっては、いくら努力をしようとしてもその余裕が無く、自由な生き方ができない「貧困の奴隷」の生活を強いられることになる。個人の努力と意志によって自由な競争に参加する権利を現実的に担保するために、全ての個人に最低限の生活を保障するＢＩが民主主義の正義の原理に適うのである。

もちろんこうした主張であっても、パリースもスティグリッツもピケティも完全な平等社会を目指しているわけではない。本人の努力や資質と関係なく結果の平等を担保しようとすると、社会の活力が削がれるだけでなく、本当の意味での「自由」を阻害してしまうことにもなる。従って結果の平等を担保することは民主主義社会の正義としては適当ではない。個人の自由を最大限に尊重し、機会の平等も現実的な水準で確保するという「正義の原理」を志向すべきであるというのが主張の核心である。

それであれば従来の生活保護制度を強化・改善することで十分ではないかという声が聞こえてきそうであるが、先に述べたように行政による運用ではなかなか現実的には上手くいっていないのが現状である。減点主義の日本では、わずか0.4％の不正受給を更に減らすことに貢献した者が評価され、不正受給を見逃してしまった者は減点される。そして「本来であれば生活保護を給付されてしかるべき８００万人の貧困者に対して、支給すべき生活保護を支給していない」ことは問題視しないのが行政による生活保護なのである。

こうした現状も、行政の対応のスタンスも、これではとても国民の自由と平等を最も尊重すべきとする民主主義とは呼べない。日本が民主主義国家として恥ずかしくない状態を実現するためには、ワーキングプアの人々や様々な事情を抱える社会的弱者に対して、個々人が自由に生きるための最低限の生活保障を行うこと――つまり本当の意味での生存権の保証が必要なのである。

以上が民主主義社会のあるべき正義の考え方であるが、ＢＩはこのような民主主義の正義の原理に適った制度と言えるのである。

② ３つの経済思想からの合理性

思想的な枠組みとしての民主主義社会の中にも、あるべき政府の役割や経済の仕組みに関する考え方の違いによって、幾つかの流派がある。

主な思想的流派として、

i．国民一人一人の平等性を重視し、その平等性を担保し得る共同体こそが望ましい社会形態であるとする「コミュニタリアン（共同体主義者）」

ii．国家の干渉に対して個人の権利の不可侵性を主張する自由主義者である「リバタリアン（自由主義者）」

iii．経済資源の配分を可能な限り市場機能に委ねることを是とする「ネオリベラリスト（新自由主義者）」

の三者を挙げることができる。

３つの経済思想からのBI合理性

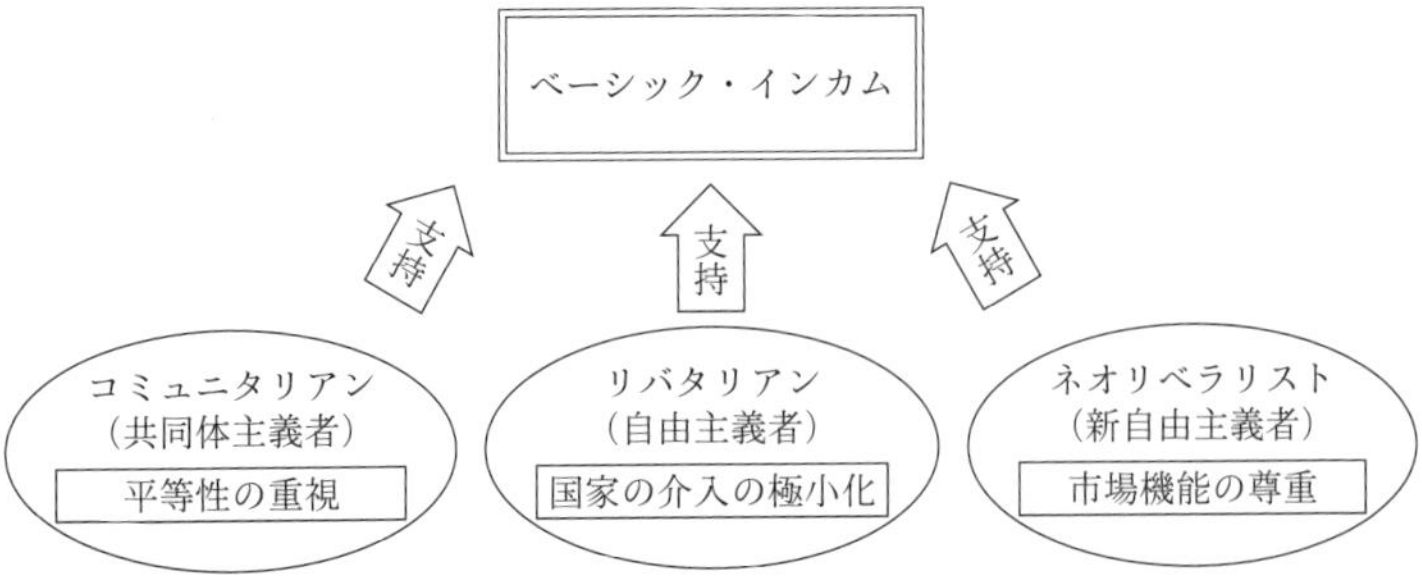

そしてこれら三者は、政府の役割と経済ルールに関して何を良きこととするか、どういった社会の仕組みを構築すべきかといったことが大きく異なっている。そして、それぞれ良しとする価値観も目指すべき社会の姿も全く異なっているにもかかわらず、これら三者が一様に「ＢＩは優れた制度である」と評価しているのは興味深い。以下、三者がＢＩを評価している考え方を紹介しておこう。

i．コミュニタリアンのBI支持の理由

コミュニタリアンは、国民の平等性を社会理念と社会的規範の中で最も重要視する。

このような人々がＢＩを支持するのは至極当然のことであろう。平等を最重要価値とするコミュニタリアンにとっては、格差は何としても是正したい重大な問題である。特に生存権を脅かされるような人々が存在するような状況は、決してあってはならないと考える

のである。

その点、全国民一律で生活を保障するお金を給付するＢＩは、理念的にも現実的効果の面でも、「格差解消」「平等性」といったコミュニタリアンの主張そのものに見事に合致したものである。

ii．リバタリアンのＢＩ支持の理由

リバタリアンは、国家における政府の役割は最小限にし、社会を運営していく機能・役割は可能な限り民間に委ねるべきであるという考え方に立ち、自己責任の原則と「小さな政府」を志向する思想である。純粋なリバタリアンは、政府を必要悪とすらみなすほどである。大きな再分配が無いと実現が難しいＢＩをリバタリアンが支持するのは少々不思議に感じられるかもしれないが、その意図は、非効率的な行政コストの削減と、行政の介入・裁量を排除できるという点にある。現行の社会保障制度は細かな規定に基づいて運営されており、その運営の実態には行政の恣意性が大きく介在しているということを先に述べたが、そのような国家や行政による介入や裁量を排除できることが彼らの「小さな政府」の理念に適うのである。

もちろんリバタリアンといえども、国家を維持し、国民を守るための警察や国防／外交といった最低限の役割は国家が担うべきであると考えている。こうした国家が担うべき機能と

同様に、国民の生存権を保障することは、リバタリアンも民主主義国家の最低限の責務として国家が担うべきと考えているのである。そして不可欠な公的機能であるならば、可能な限り「介入や裁量が小さい方が良い」との理由でＢＩを支持しているのだ。

ⅲ．ネオリベラリストのＢＩ支持の理由

ネオリベラリストは、経済的資源配分は市場に委ねるべしというのが第一義の理念であり、政府が市場に介入したり経済活動をコントロールしようとしたりすることに対して批判的である。つまり政府の経済への介入が最小化され、経済活動は全て市場機能に委ねられるべきであると考えるのがネオリベラリストである。

従来の社会保障制度では、誰にどのようなサービスを提供するのかという経済資源の配分を政府が決めている。これに対してＢＩは、給付された現金の使途を国民一人一人が自由に選択し、莫大な金額の資源配分が市場を通じて行われることになるので、社会保障の原資を政府が配分するよりも効率的な資源配分が可能になるとネオリベラリストは考えるのである。

このようにＢＩは、市場機能を通じた合理的資源配分を尊重するという観点において、ネオリベラリストの理念に合致しているのである。

ちなみに、「政府が介入しないこと」がＢＩを支持する理由であるという点では、ネオリ

ベラリストとリバタリアンは共通しているが、両者の違いについても補足しておこう。

リバタリアンがＢＩを支持する最大の理由が、政府の介入・裁量が小さいことであるのに対して、ネオリベラリストがＢＩを支持する理由は、ＢＩが市場メカニズムに適っていて経済的に合理的だという点にある。

この違いの背景にあるのは、リバタリアンとネオリベラリストの主張が依って立つ理念の性格の違いである。

リバタリアンの主張は基本的には思想的・理念的なものであるのに対して、ネオリベラリストの主張は経済活動を中心とした社会運営の方法論の合理性を重視するものである。従ってリバタリアンは思想的な観点から、ネオリベラリストは経済合理性の観点から、ＢＩを支持していると理解することができよう。

このように、コミュニタリアン、リバタリアン、ネオリベラリストといった全く異なる価値観と思想を持つ人々が、揃ってＢＩを支持していることは興味深い。

⑸　ＢＩが変える働くことの意味

最後に、ＢＩは社会保障機能や経済効果といった現実的メリットだけでなく、人間が社会とどう繋がり、どのような人生を送ることになるのかといった形而上学的な観点からも大きなメリットを与えてくれることに言及しておきたい。

資本主義のメカニズムとして、景気が低迷した状況では、企業は従業員に対して報酬を下げたり、過酷な条件で不安定な労働を行わせるといった現象が生じる。これは少しでも多くの利潤を得ようとする資本の論理に基づいたもので、資本主義経済の労働市場のメカニズムとしては必然的な現象なのであるが、民主主義的な社会厚生の観点からは望ましいものではない。

特に90年代以降、世界中の先進国が市場メカニズムを最大限に尊重しようとするネオリベラリズム型の経済政策をとるようになってからは強者と弱者の格差が広がって、生活のために辛く厳しい仕事に従事せざるを得ない人々が増加してきている。必死で働いても貯蓄を作る余裕も無く、学校へ通う時間も十分に確保できず、また経済的余裕が無いために大学や専門学校へ通って労働市場での価値を高めることもできずに、貧困から抜け出せないワーキングプア層が発生・増加しているのである。こうした実態は、多くの先進資本主義国の重大な社会問題となっている。

このような現象の中で、ＢＩが導入されることによって「賃金に見合わない労働」を労働者側が避けることができるようになれば、市場メカニズムを通じて過酷な労働に対する報酬は相応の水準まで上昇する。従業員に支払う賃金が上昇すれば、財やサービスの価格も上昇することになり、結果として付加価値額も向上することになる。そして、意にそわない働き方を避けることができるという選択肢が働き手側に与えられることで、人々の人生の自由と豊かさが向上することになるのである。

その結果、単に食べるため・生き延びるためにではなく、生活を豊かにするため、仕事自体を楽しむためなど、個々人の人生の目的や価値観に応じて仕事内容や働き方を選択できるようになる。このように、ＢＩによって人間にとっての仕事の意義が転換していくことになり、この仕事の意義の転換は自由民主主義社会の理念に合致した望ましい流れである。

これは、誰もが研究や芸術といった自己実現型の仕事に従事することができるようになるといった意味合いだけではない。厳しい仕事であっても内容に見合った報酬が設定されれば、より多くのお金を得るために自らそのような職に就く選択をする人もいるであろう。働けば働くほど個々人の価値観や人生の目的に対応して得られるものが大きくなるという流れになれば、自ら進んで仕事に邁進《まいしん》するという人も増えていくはずである。

そうなれば仕事は単なる収入確保のための人生の切り売りではなくなり、自発的に仕事を選び、能動的に取り組むことができるようになる。そして、結果として自らが望む金銭的報酬や非金銭的報酬を得ることができ、自らの社会的座標値の確認と自己実現の達成が可能になるのである。即ち、仕事を通じた社会との関わり方が意義あるものに変わっていくのだ。

このようにＢＩを導入することで、働く意義や働き方のスタイルに大きな変化が起こり、物質的にも精神的にも豊かな社会の実現を導くことが期待できるのである。

第2節　BIの実現可能性

ここまで説明してきたように、ＢＩは制度面、経済面、思想面といった様々な面においてメリットを持つ制度である一方で、否定的な意見や実現に向けた懸念の声も聞かれる。

もちろん、ＢＩが実際に国民や国家にとってトータルでマイナスの影響をもたらすのであれば導入を控え、別の形での制度設計を考えるべきである。しかしＢＩ否定派の意見とその論拠をよくよく聞いてみると、どれも解決可能な問題である。

本節ではＢＩの実現可能性を検討するに当たって、まずＢＩの導入に対してよく呈される懸念点とそれらに対する解決策を提示した上で、ＢＩ導入への現実的な障壁について言及しておく。またこれまでに試されたＢＩの導入実験の成果を紹介しながら、そうした実験例からの知見を踏まえてＢＩが決して実現不可能な施策ではないことを検証する。

(1) BIの制度的懸念点

ＢＩ導入に対する懸念点とは、働かない人を増やしてしまうという「フリーライダー（タダ乗り）問題」と、財源がそもそも確保できないという「財源問題」の２つが主なものである。しかしこれらは、どちらも制度設計を適切に行えば解決可能な〝不安に感じているだけ〟の課題である。

①フリーライダー問題……働かない人を増やす

現在各国で行われているBI導入実験の成果は後ほど詳しく紹介していくが、これまでBIに類する制度を適用したことによって働かない人が増大したという事実は無い。

それどころか、仕事を離れることができた人々が幼い子供の育児に専念したり、勉学に集中したりするといった長期的合理性に基づいた選択肢を選んでいたケースもあったし、別の事例では、ほとんどの人が得たお金を仕事のための道具や、食糧の購入と貯金、学校の支払いなど、より良い生活と生産性向上のために使っていた。また、家も無く働きもせず非生産的に無気力に生きていた人々が、自ら考え自ら建設的に人生の道を切り開くようになったという成果も出ている。

いずれの導入実験も本来のBIとは異なるパイロットプログラムであり、受給者も限定的であったことから、実際に本来のBIを全国的に施行した場合に全く同様の結果をもたらすとは限らないという見方は否定できない。この点は追加的検証によって明らかにしていく必要があるが、これまでの社会実験では懸念されるような結果は出ていないというのが事実であり、検討もせずに先入観だけでＢＩを否定してしまうことには何の合理性も無い。

先にも述べたように、ＢＩが導入されることによって、人にとっての仕事の意味や人生における仕事の位置づけは変化する。望まない仕事に就いている人は一時的に離職することもあるだろうが、そもそも人は食うためだけにではなく、社会と関わるために仕事をするという性向を持っている。

個人の存在意義と価値は社会的コミュニティの中で規定されるが、仕事はその人の社会的座標値を与えてくれるものである。また、仕事の内容と成果に対しての社会からの評価や報酬を得ることによって、人は社会と有機的につながり、自分自身が何者であるのかを認識することができる。端的に言うならば、人は仕事によって、単なる生き物ではなく社会的存在になり得るのである。

つまり、「食うため」「住むため」などの生理的／低次欲求を満たすためだけに人は働くのではなく、社会的承認や自己実現といった高次の欲求を満たすために、人は能動的に仕事をし、自らの主体性と尊厳を得ようとする存在であることを忘れてはならない。

こうした人間と社会を繋いでいる仕事という活動の性質から判断して、ＢＩで無償の金を与えれば働かない人が増えるという見方は人間という存在を卑下した短絡的な考えであろう。むしろＢＩの導入によって就労の動機と社会との関わり方が良き方向に変化するというのが冷静な理解であると考える。

②財源問題……そもそも財源が足りない

ＢＩの実現には巨額の財源が必要になることから「理想論」「実現不可能」と言われることも多い。ＢＩ導入に対して消極的スタンスをとる人が最もよく抱く懸念点であろう。

確かに現在大幅な財政赤字となっている日本において、新たな巨額の財源を確保することは困難であるように思えるかもしれない。しかしよくよく試算してみると、財源を確保することは不可能ではないことが分かる。この話を進めていく上では、そもそもどの程度の額の金銭を配るかというところから考える必要があるだろう。

筆者は、一人当たり月額８万円の支給で良いと考えている。この金額は生活保護の生活扶助や国民年金とほぼ同程度の水準である。

つまりこの金額はこれまでの社会保障制度の設計・運営において、経済的弱者が生存権を確保するために計算され、実証され、広く承認されている最低限度の金額だとみなすことができる。生活保護では一人当たりおよそ12万〜13万円が支給されていると言われているが、これは医療扶助や介護扶助等を含めての平均の金額である。これらの現物給付のサービスは今後も継続していき、ＢＩは通常の生活を賄うための現金給付部分を代替するという観点で考えれば、一人当たり８万円という額は妥当であろう。また年金についても、厚生年金受給者は基礎年金分のみＢＩで充当すれば良いと考えれば、ＢＩの８万円はむしろこれまでの国民年金や厚生年金の基礎年金分（平均約6万～7万円）より多少多くなる。

現在の日本の人口は約1・27億人。すなわち、BIを一人当たり月額8万円とすると、原資として必要となる財源は年間約122兆円である。

この財源に充当できるのは、まずBI導入によって不要になる国民年金・基礎年金額の約22・2兆円、生活保護の生活扶助費の約1.2兆円、雇用保険の失業保険費約1.5兆円の計24・9兆円である。さらにBIは強者から弱者への再分配制度であるという観点から考えれば、強者の年金と言われている厚生年金の約32・4兆円も充当して良いだろう。そうすると、残る64・7兆円の財源の確保が必要となる。

ⅰ．国民負担率60％

2015年度の歳入額である消費税17・1兆円、所得税16・4兆円、法人税11・0兆円という数字と比較してみると、64・7兆円という金額は途方もない額に感じられるかもしれないが、この金額を捻出する方法は単純である。国民負担率を引き上げれば良いのである。

日本と同じように少子高齢化・格差社会化を辿っている先進各国と比べて、現在の日本の国民負担率はかなり低水準である。2014年度の日本の国民負担率は42・2％（老年人口比率26・0％）である。これに対して、ドイツの国民負担率は52・5％（老年人口比率21・2％）、スウェーデンは56・0％（同19・9％）、フィンランドは63・8％（同20・5％）、

国民負担率の国際比較（対国民所得比/2014年）

$$\text{国民負担率}=\frac{\text{租税負担}+\text{社会保障負担}}{\text{国民所得}}$$

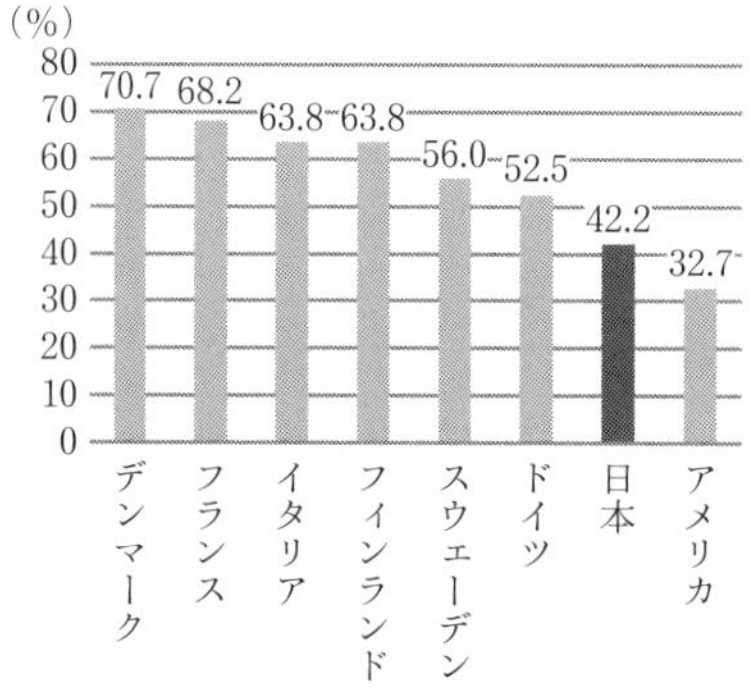

（財務省作成資料「国民負担率の国際比較」を基に筆者作成）

フランスは67・9％（同19・1％）など、日本と比較すると国民負担率は格段に高い。ちなみに先進国の中で唯一日本より国民負担率が低いアメリカ（32・7％）は老年人口比率が14・8％と日本の半分程度であり、アメリカを日本の社会保障制度を検討する上での比較対象とするのは不適切であろう（また、アメリカは日本以上に格差と貧困問題が深刻な数少ない国でもある）。

仮に国民負担率を他の先進各国と同等の水準、例えば60％まで引き上げるとすると、国民所得４３１兆円（２０１７年）から算出して76・7兆円の歳入増となり、ＢＩ実施に必要とされる追加的金額である64・7兆円をゆうに満たすことができる。

ちなみに「国民全員に給付するのだと富裕層にまでお金を配ることになり、それは無駄である。低所得者だけに給付する方が必要な財源が少なくて済むのだから、富裕層にまで配る必要は無い」という批判をする向きもあるが、そうした批判は妥当ではない。富裕層に対してはBIとして給付する金額以上の増税をすることによって、実質的な負担増を担ってもらえばよいだけのことである。

これは健康保険の受益と負担の関係と同じである。健康保険の保険料は、月収6万3000円未満の人は1ヶ月約5600円であるのに対し、月収135万5000円以上の人の保険料は1ヶ月14万5500円と、収入の多寡によって26倍もの負担額の差があるが、受益の方は全員同一で、実際にかかった治療費の3分の1が自己負担という制度になっている。「受益は同一、負担は所得に応じて」という点で、BIと似た仕組みだと言えよう。

BIの最大のメリットは、誰にでも同じ金額を無条件で支給するというシンプルさにあるのであるから、給付（受益）に関しては、どの層には支給し、どの層には支給しないという区分を設けるのはBIのメリットを損なうことになる。所得の格差は、財源負担の額に反映させればよいのである。

いずれにせよ、この64・7兆円という追加的に必要な財源をどの対象者から、どのような費目（税金、社会保険料）で徴収するかについての詳細な内訳は、国会での議論を通じて国民のコンセンサスが成立する内容で設定すれば良いと考えているが、私案として幾つかの具体的な案を挙げておこう。

民間最終消費支出の推移

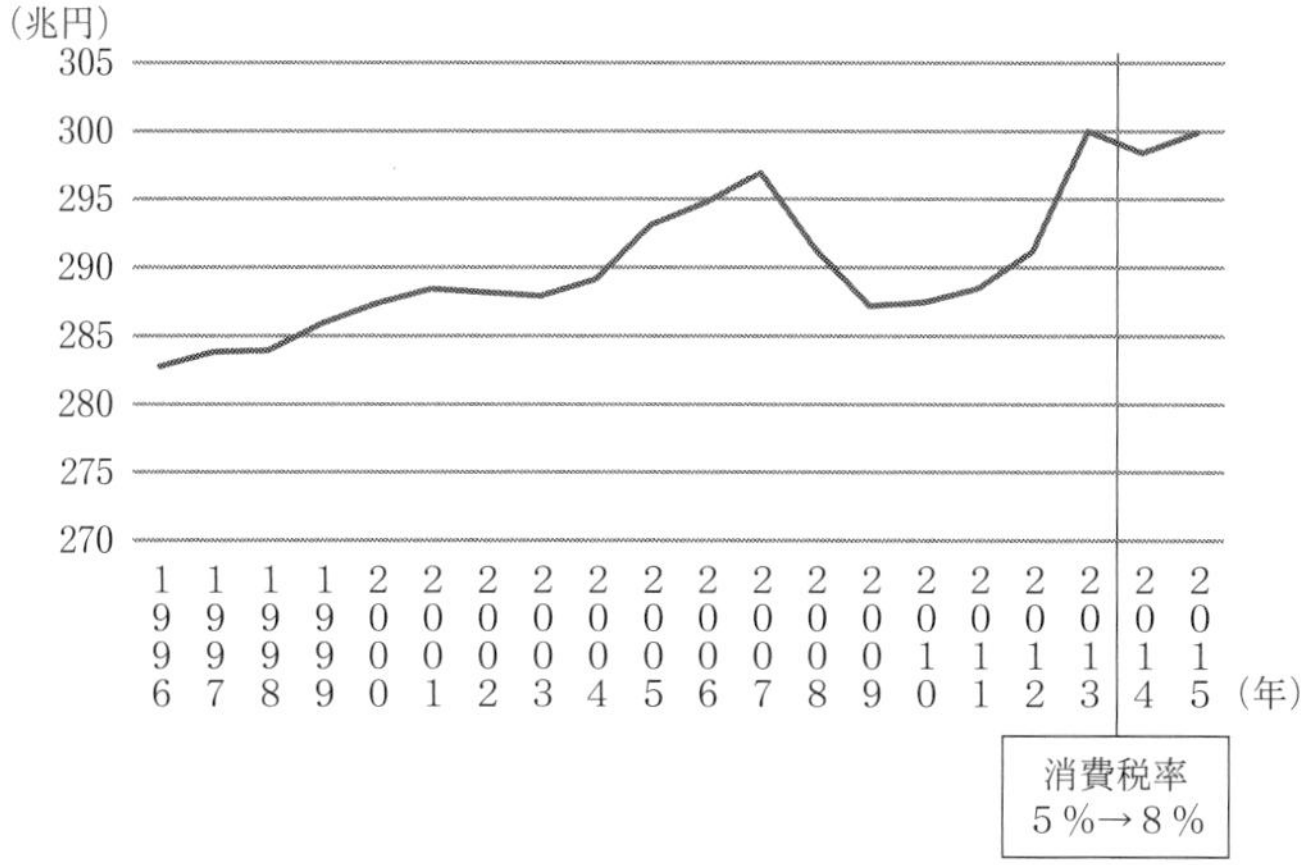

（内閣府統計資料「国民経済計算」を基に筆者作成）

　ＢＩを継続的な制度とするためには、安定的な財源の割合を可能な限り多くし、不安定な財源の割合を小さくすることが妥当である。この安定的な財源の一つが消費税である。

　まず先進各国における消費税率を見てみると、デンマーク・スウェーデン・ノルウェーの25％、フィンランドの24％、イギリス・フランスの20％、ドイツの19％などと20％前後の国が多い。日本も現在の８％（２０１７年度で歳入額約17兆円）から15％まで引き上げれば消費税による歳入額は単純計算で約32兆円となり、15兆円の税収増である。

　消費税は国内消費に対してかけられるものであるから、企業が輸出を行う場合には課税フリーであるし、海外からの輸入品に対しても同じだけの消費税率がかけられる。そのため、消費増税を行っても日本国内での企業の競争力バランスは崩れず、日本企業の海外市場での競争力には影響を与えない。

また、増税による実質的物価上昇／実質的購買力の低下による国民の消費減退についても、過去の消費増税の際の実績を見ればさほど懸念する必要は無いだろう。２０１４年４月に消費税が５％から８％に上げられた時も、国内消費額は３００兆円（２０１３年度）から２９８兆円（２０１４年度）とほとんど変化していない（この２兆円の減少はほとんど前年の駆け込み消費の反動とみなすことができる）。つまり世の中で懸念されているほど消費の低下は招かないことが示唆されているのである。そしてこの安定性こそ、財源としての消費税の強みである。

消費税の問題は逆進性である。高所得者にも低所得者にも同率で課される消費税は、消費性向の高い低所得者の負担を相対的に大きくしてしまうことが問題である。

ただしＢＩと併用する場合には、特段の心配はいらない。

２０１５年度の平均年収は約４２０万円、手取り金額で３５０万円前後である。これが全て消費に回るとしても、消費税が８％から15％に上昇した時の追加的負担分は年間で24・５万円。月額８万円のＢＩによって給付される年96万円と差し引きすると、平均年収の人で年間70万円以上のプラスとなる。つまり平均年収以下の人はＢＩの導入によって年間70万円以上の収入増になり、むしろ余裕のある生活を送ることができるようになるのである。

生活保護世帯や年金世帯では、従来の現金給付が打ち切られるため残念ながらＢＩ分がそのまま純増とはならない。

最も厳しいケースとして、収入を生活保護のみに頼る高齢者単身世帯を見てみよう。この場合の支給額は、最大で月額７万４６３０円である。これが全て消費に回された時の税率８％の場合の消費税額は５９７０円となるので、実質６万８６６０円分の購買力となる。一方で月８万円のＢＩが支給され、消費税が15％に上がる場合、消費税額は１万２０００円となるため実質６万８０００円の購買力となる。このような最も厳しいケースの場合には実質購買力はわずかばかりマイナスになるものの（このケースでは６６０円のマイナス）、現行の制度とほとんど変わらないと言える。そして月額７万４６３０円の生活扶助額というのは最も厳しいケースであるから、これより少ない給付しか受けられていない、例えば地方の人などにとっては、月額８万円のＢＩが導入されれば現在よりも多少の余裕がもたらされることになる。

国民年金世帯では、２０１５年度の平均月額受給額は５万５１５７円。これが全て消費に回された時の税率８％の場合の消費税額は４４１３円となるので、実質購買力は５万７４４円となる。一方で月８万円のＢＩ支給と消費税率15％の負担の場合、消費税額は１万２０００円となるため実質６万８０００円の購買力となり、月当たり１万７０００円もの実質購買力増になる。

このように、生活保護世帯でも国民年金世帯でも、現行の社会保障制度で得られている収入ラインより下がることはほぼ無いと理解して良いだろう。

ii．格差解消に不可欠な資産課税

さて、ここで本来のＢＩの狙いをもう一度思い出してみよう。ＢＩによって解決すべき最大の問題は経済格差である。格差解消のための有効な手段として挙げられるのは、資産税、相続税、所得税における累進課税である。

そもそも貧富の格差が開いていくのは、所得格差よりも資産格差によるところが大きい。トマ・ピケティが『21世紀の資本』に記しているように、経済の成長率よりも資産の成長率の方が格段に高いため、資産を持てない低所得層の経済水準が低迷を続ける一方で、資産を持つ中～高所得層は富を増やしていく。その結果、格差がどんどん開いていくことになるのである。

このようなことから、格差の解消のためには、まず資産に対して課税を行うことが必要である。

実は日本は、欧米諸国と比較して資産５０００万ドル以上の超富裕層に属する人は少ない。その一方で、資産１００万ドル以上の富裕層は約４３５万人のアメリカに次いで約２４５万人もおり、世界で第２位である。しかも、国の総人口に占める保有資産１００万ドル以上の

運用資産100万ドル以上保有者の国際比較（2014年）

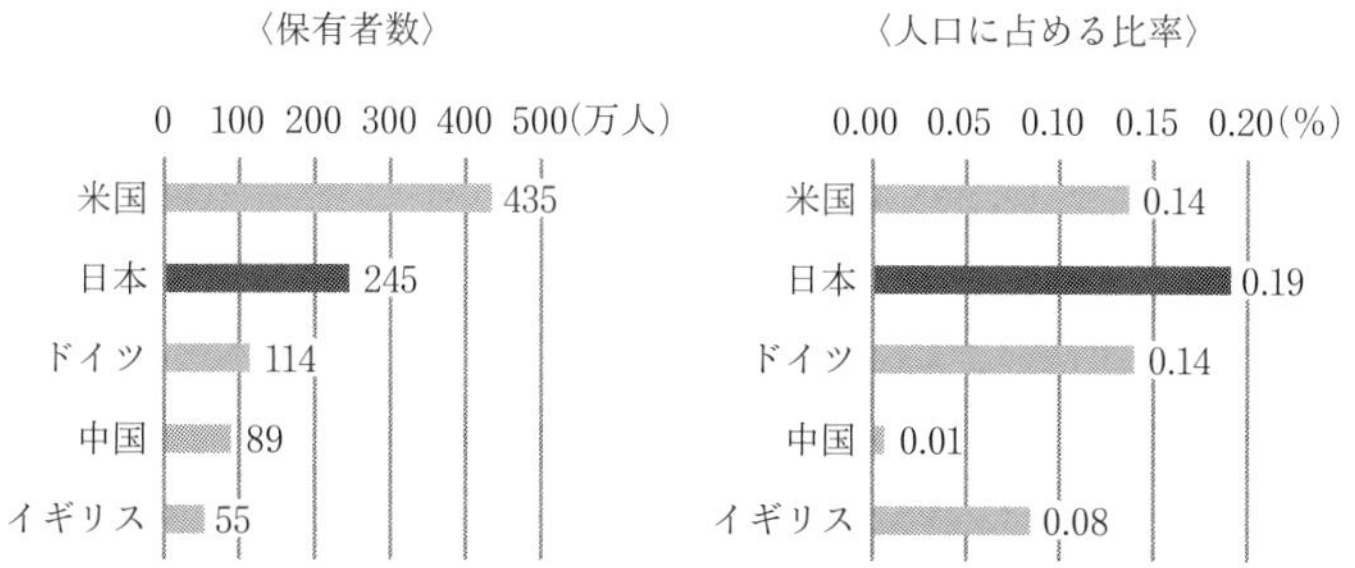

（みずほ総合研究所レポート「日本の格差に関する現状」を基に筆者作成）

富裕層の比率では、アメリカを上回って世界第1位なのである。このように、日本は大金持ちは多くないものの、そこそこのお金持ちが多数存在している、富裕層が多い国と言えるのである。

現行の資産に対する課税としては、土地などの固定資産に対しては標準で1.4％の税率が定められているものの、金融資産に対しては全く課税されていない。金融資産の格差こそ現在の格差問題の最大の原因であることを考えると、これは合理的な税体系とは言えない。

家計の金融資産残高は年々伸び続けており、２０１７年６月末時点で１８３２兆円と過去最高額である。これに対して固定資産と同等の1.4％の課税を行うようにすれば25・6兆円の税収増になるし、企業の金融資産１１６６兆円にも同様に課税すれば16・３兆円の税収増になる。家計と企業の金融資産に対して固定資産と同じように1.4％課税することで、計41・９兆円もの税収が見込めるのである。

ただし、土地は供給が限られている特別な資産だからこそ固定資産税を課しているのであって、金融資産は土地と比べて供給の制限性や希少性が低いので同等の税率を課すのは妥当ではないと考える向きもあるかもしれない。そうであれば、税率を土地と同じ1.4％ではなく1.0％とするのでも良いだろう。その場合の金融資産税の歳入額は29・９兆円になる。

いずれにせよ、格差を解消するための再分配策として富裕層から低所得層へ富を移転するという基本スタンスは外すべきではない。そして現在の深刻な格差を生んでいる根源的要因は資産格差であり、資産格差の主たる部分を成しているのは金融資産なのであるから、金融資産課税を避けるべきではない。金融資産課税は規模の観点から見ても有力な財源であり、格差解消の方法としても最も有効なのである。

ちなみに金融資産課税は景気対策・経済活性化にも貢献し得ると考えられる。これまで手元で温めているだけであった金融資産が、そのままでは課税され目減りしていくとなれば、消費に回そうというインセンティブとして働く可能性がある。仮に家計の金融資産１８３２兆円のうち年間で１％だけでも消費に回るとすれば、約18兆円もの消費拡大になる。18兆円もの消費の拡大が起きれば、ＧＤＰの押し上げ効果も大きく（波及効果を考慮しなくとも

3.5％成長)、さらにその分の消費税歳入もアップする。
更に、経済の活性化と格差の解消という意味では、相続税・贈与税の引き上げも検討して良いだろう。2015年時点で、5億円以上の資産を持つ超富裕層は7.3万世帯、資産金額は75兆円である。さらに1億円以上の資産を持つ富裕層は114・4万世帯で資産総額は197兆円。このような世帯であっても、様々な控除を行った後の純粋な〝お金持ち財産〟に対する税率として最高55％(最低40％)までしか課されていないのが現行の相続税制度である。高額相続に対して高い税率を課すことは、税収を増加させることはもちろん、階層の固定化の解消にも有効である。

また企業への法人税の基本税率は継続的に引き下げられてきており、現在では23・4％と過去最低である。企業はこうした税制上の優遇によって内部留保を着実に積み上げてきており、現在その金額は400兆円にも達している。貧困問題、格差問題が深刻化しつつある現状を顧みると、富裕層とともに手厚く優遇されてきた企業に対しても負担増を求めるのは妥当な考え方である。具体的には法人税率を1999年の30・0％くらいまでは引き上げることも考えられよう。この場合の増税分は2.9兆円になるが、この増分は法人税ではなくＢＩ税として徴収するというのも良いであろう。

以上、一案として例示した財源の内訳をまとめると、消費税率アップで15兆円、金融資産課税で41・9兆円、法人税増税で2.9兆円で、これら3つだけで計59・8兆円である。先に試算したBI実施に必要な64・7兆円にはあと4.9兆円必要であるが、その分は高所得者の累進課税の強化、奢侈《しゃし》的消費に対する物品税の導入、相続税の税率アップ／控除額圧縮等々、再分配機能の強化の原則に則《のっと》った財源は幾つも考えられる。

(2) BI導入の障壁

前項で検討した「フリーライダー問題」と「財源問題」は、制度の設計上の問題である。そして解決策の検討で示したように、冷静に、合理的に考えればどちらも解決可能な問題である。一方でBIの導入に対して〝合理的ではない〟問題がある。「官僚の抵抗」と「働かざる者、食うべからずという社会通念」である。

これら2つの問題は組織の本質と人間社会の価値観に根ざしたもので、BIを実現しようとする際には最も厄介な障害となると考えられる。本項ではこの2つの問題について分析・検討する。

① 官僚の抵抗

BIの特徴である、制度がシンプルであり、恣意性と裁量を排除することができるというのは、利用者である国民にとっては大きなメリットであるが、行政を司《つかさど》る側にとっては仕事が奪われ、裁量・差配の余地が削られることを意味する。

タクシーの運転手だろうが、大学の教授だろうが、どのような仕事に就いている人でも、自分の仕事が奪われることに対して抵抗するのは当然のことであろう。しかも行政に携わっている人は国家公務員と地方公務員を合わせて約３４０万人、準行政組織である公営法人まで合わせると約５４０万人もいるわけであるから、その抵抗のパワーは相当に大きいと推察される。

そもそも現行の社会保障制度、社会福祉制度が非常に複雑なものになってしまっているという現実には、自分達の仕事と裁量の範囲を広げたいという行政の意図がからんでいる。これは日本に限らず、官僚組織が普遍的に持っている自己肥大化と差配の本能に基づくものであり、根が深い。

組織を肥大化させていくだけではない。官僚は仕事を細分化し、複雑化させる。国交省が管轄する駅などの建造物と、厚労省が管轄する保養所などの施設と、文科省が管轄する学校の建物とでは、ドアや窓のサイズから天井の高さに至るまで仕様が異なる。また、そうした建造物を建てるための工法の種類や手順も、それぞれの省が独自のものを定めている。利用する側からすれば「一体何のためにこだわっているのか」と思うほど瑣末《さまつ》なルールや仕様を決め、効率性や社会コストの観点は軽視しているのである。

このように細かい規定を定め、手続きを複雑化して、裁量と差配の範囲を広げることを本能として持つのが行政／官僚機構なのだ。シンプルで裁量の余地が無く、行政組織のスリム化にも繋がり得るＢＩに対して行政／官僚機構が強い抵抗を示すのはこのためなのである。

２００９年に民主党政権が誕生した時に看板政策として導入した「子ども手当」が２年ももたずに廃止となった理由もここにある。

子ども手当は、全ての子供に対して無条件で一律の金額（当初案では月額２万６千円、総額5.5兆円。実現したのは月額１万３千円）を支給するという、ＢＩに似た性質を持った政策であった。当初案から大幅に減額されたり廃止になったりした表向きの理由は「財源が無い」というものであったが、それが本当の理由ではないのは明らかである。5.5兆円という金額は毎年のように積み増しされる補正予算や景気対策費を考えればむしろ大した金額ではないし、子ども手当を廃止する代わりに設定した給付金や控除費用を見れば、実質的な財政負担の軽減幅は微々たるものなのだから。

行政は子供を抱える家庭を支援することに反対しているわけではない。誰でも一律にという〝ＢＩ的な性格〟を持つ子ども手当が嫌だったのである。何を控除項目にするのか、どういう手続きで給付認定をするのかについて、自分達の裁量・差配の余地が侵食・縮小されることを嫌ったのである。

他にも、国内のお金の流れを把握したり財源の統一的管理を効率的にするために、財務省

（国税）・厚労省（年金・健康保険・雇用保険）・総務省（地方税）などの歳入を管理する部門を統合し、「歳入庁」を設けるべきであるという構想が、行政改革や政治改革のたびに提言されている。にもかかわらず、これまで実現の動きには至らないのが実情である。やらないよりやった方が良いに決まっているにもかかわらず、そのような合理的な意思決定がなされない背景には、差配の既得権を手放したがらない行政組織の本能が働いていると思わざるを得ない。

シンプルかつ裁量・差配の余地のないＢＩを実際に導入しようとした場合には、こうした行政／官僚機構の差配と肥大化の本能が大きな障害になるであろうことは容易に予測できる。しかし、日本は経済的にも人口動態的にも成熟期を迎え、格差と貧困問題はますます深刻さを増しつつあり、社会保障や福祉の必要度は増す一方である。しかもそのための経済的余裕は年々細っていく。こうした状況に対処するためには、社会の仕組みの効率化と公正化が不可欠である。

格差と貧困という問題を解決し、国民の安心と社会の安定を実現するための優れた社会保障制度としてはもちろん、行政の肥大化を糺《ただ》し、効率的な社会運営を実現するためにも、ＢＩの導入は有効かつシンボリックな施策であることを国民全体で確認し、共有するムーヴメントが望まれるところである。

②「働かざる者、食うべからず」の社会通念

ＢＩ実現の大きな障害としてもう１つ挙げておきたいのが「働かざる者、食うべからず」という社会通念、社会規範の問題である。

これまでに取り上げた、働かない者が増えるのではないかという「フリーライダー問題」、巨額の財政負担は実現不可能ではないかという「財政問題」が経済学的なイシューであり、行政が裁量と差配に固執するという「官僚の抵抗」が政治学的なイシューであったのに対して、この問題は国民の心情や社会規範にまつわる文化的・思想的なイシューと言えよう。

この反対論は、民主主義社会の主権者である国民の心情に根ざしたものであるため、ある意味で最も裾野が広く根が深い問題かもしれない。

「働かざる者、食うべからず」という規範は、キリスト教の聖書にもこの文言が書かれているくらいに歴史が古く、洋の東西や文化の個性を問わない普遍的な規範である。つまり、人類はこの規範とともに、社会を作り、生活を営んで、発展してきたわけである。いくらＢＩが制度として合理的とか、経済的にもメリットがあるとか言われても、合理性やメリットの観点だけでは納得できないのが心情や本能といった人間のネイチャーなのである。

この心情と規範からすると、働こうが働かなかろうが等しく国民全員に生活できるだけのお金を配るＢＩは「働かなくても、食って良し」を意味するわけであるから、すんなりと納

BI実現に向けての課題

経済学的イシュー	政治学的イシュー	文化的イシュー
・フリーライダー問題 ……働かない者が増えるのではないか ・財政問題 ……巨額の財政負担が不可能ではないか	・官僚の抵抗 ……行政が裁量と差配に固執する	・社会通念、社会規範 ……「働かざる者、食うべからず」の国民意識

得できないのも当然であろう。汗水垂らして働いた人が、その対価として得た所得から支払う税金で、働けるのに働きもせず、ブラブラしている人の生活費を賄うという制度なのであるから、合理性や有効性はともかく自分は納得できないという思いになってしまうのもよく分かる。

しかしその一方で、世界の先進国は人類史的に見てかつてないほど豊かな水準に達しているという歴史的事実がある。

歴史的に人口を決定する最大のファクターは、ずっと食糧生産に代表される経済力であった。18世紀に産業革命が起きて生産力が飛躍的に高まった以降も、経済力の拡大に伴って約２００年間にわたって人口は増え続けてきた。経済力の拡大が人口を増加させるという普遍的な法則が継続していたわけである。

しかし、日本をはじめとする先進国では20世紀終盤になって人口の増加が停滞し始めた。日本の経済も、あまり伸びていないとはいえ縮小しているわけではないのに、人口だけが減少し始めている。

こうした事実は「経済力が人口を規定する」という制約が破られたということであり、これまでの経済と人口と社会形態との関係が先進国では臨界点に達したと考えられる。

これは人類初の経験である。つまり、経済が豊かであるにもかかわらず人口が減少しているという事実は、人類が新しいステージへとシフトすることを促すシグナルかもしれない。とすれば、人類史上初の経済水準に見合った新しい規範と新しい社会の仕組みを再構築するべきであると考えることにも理があるであろう。

生産力／経済力は、政治の仕組みや社会構造のあり方を規定する。産業革命によって資本主義が確立し、社会の経済力の向上とともに民主主義が定着してきたのも、この原則に則った歴史的必然である。こうしてこの200年間の間に作り上げられてきた現代社会の最も基本的な枠組みである資本主義と民主主義が格差と貧困問題によってきしみ始めている状況に対処するためにも、また人類史上初の水準に達した生産力のパワーを次のステージでの社会の豊かさに向けて有効活用するためにも、これまでには無かった新しい社会の仕組みと制度を採用することは、社会の発展のために必然の対応であろう。

ＢＩはその現実的な機会の平等をかなえ、次のステージでの社会の豊かさを実現するための「民主主義実現の条件」なのである。

⑶ BⅠの導入事例

ここまでBⅠを導入する上での懸念点と現実的な障壁について見てきたが、そうした課題に対する議論が続けられている一方で、幾つかの国ではすでにBⅠの導入実験に着手し始めている。これらの導入実験によって得られる成果は、今後のBⅠ導入における有力な検討材料となるであろう。

以下、これらの導入実験の目的や意義、内容や成果について紹介・解説し、BⅠが決して実現不可能な施策ではないことを検証していく。

BⅠは「全ての国民に対して生活を賄えるだけの現金を無条件で無期限に給付する」制度であるが、給付金額の算定や、税制の刷新、従来の社会保障制度との兼ね合いをも考慮しなければならないなど最適な制度設計が難しいため、完全な形で導入している国は今のところ登場していない。

これまで各国で行われてきた社会実験は、完全なBⅠの導入ではなく一部の条件を試験的に導入してみたものであり、その効果／成果を基に制度内容の調整と本格的な導入の検討に繋げようとするものである。いわば、BⅠの段階的導入と有効性検証の位置づけと捉えるのが妥当であろう。

ところで、BⅠの構想自体は特段新しいものではない。世界初のBⅠのアイデアは、アメリカの社会哲学者トマス・ペインが１７９６年の著書『土地配分の正義』において提唱したと言われている。そこには「全ての国民に対して無条件に金銭を給付する」と書かれており、ＢＩの原型を示している。しかしこの時点では構想にとどまり、施行には至らなかった。

他にも、翌１７９７年に『幼児の権利』を著したイングランドの哲学者トマス・スペンスをはじめとして、19世紀に入ってからはイギリスの経済思想家ジョン・スチュアート・ミルや、アメリカの社会主義者エドワード・ベラミーらがＢＩの構想を掲げている。

しかし実際にＢＩの導入が行われ、成果が得られた最初のものは、今から約40年前、カナダで１９７４年に導入された「ミンカム」という制度である。

① ミンカムの実績

ミンカム（Mincome……Minimum Income）は１９７４年にカナダのマニトバ州で施行されたＢＩのパイロットプログラムである。

本プログラムは、収入が一定以下であれば、参加を希望する住民全員に現金を支給するとされていた点が重要なポイントである。実際に、マニトバ州ドーフィンとその周辺住民約１万人のうち、３割程度がこの実験に参加した。制度の内容としては、現在の貨幣価額に換算して一人当たり年間最大1.6万カナダドル（約１３１万円）の現金給付を行うというものであったが、他に所得を持つ者に対しては所得額に応じて最大で半額（0.8万カナダドル……約65万円）まで引き下げられた。

計画にインフレ率が考慮されていなかったことや、オイルショックが引き金となった世界的不況の影響で財政が苦しくなったことなどにより、１９７９年の政権交代を機に廃止されたものの、ミンカムが施行されていた期間（５年間）は不安定な農業を営むマニトバ州の多くの住民を貧困から救ったという点において、ミンカムはＢＩの先駆けとして歴史的成果を達成したと評価できよう。

実はミンカムの成果が発表されたのは、この制度が廃止されてから30年以上も後の２０１１年である。ミンカムの施行と成果に関する調査データは政権交代を機に長らくお蔵入りとなっており、２００９年にマニトバ大学の教授エヴリン・フォーゲットによって発掘された時には管理局が廃棄を検討している最中だったという。彼女がこれらの膨大なデータを分析してレポートにまとめたことで、ミンカムは２０１１年になってようやく日の目を見ることとなり、世界的に注目されることとなったのである。

ではその最終レポートには何が書かれていたのか。

そもそもミンカムを施行した目的は「無条件に支給される所得によって人々の労働意欲は削がれてしまうのか否か」、即ちミンカム（ＢＩ）が導入されれば働かない人が増えるのではないかという懸念に対して、実証的に検証しようとするものであった。この課題は、現在

ミンカムの成果

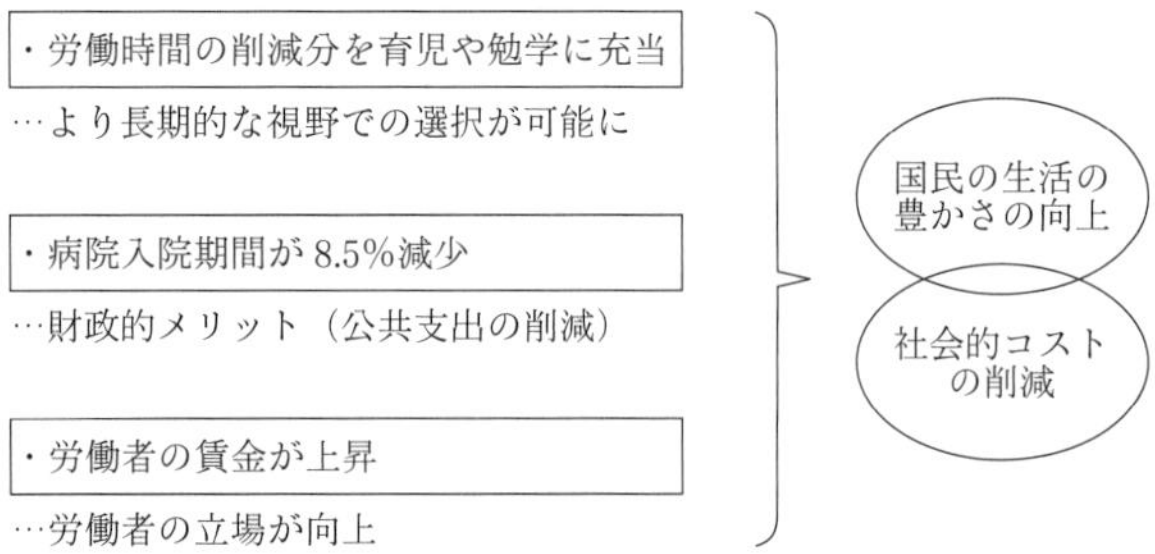

（ルトガー・ブレグマン『隷属なき道』およびDavid Calnitsky and Jonathan P. Latner “Basic Income in a Small Town: Understanding the Elusive Effects on Work” を基に筆者作成）

のＢＩ議論でも取り沙汰されている、ＢＩに関する最重要イシューである。

しかし実際には、そうした懸念は全くの杞《き》憂《ゆう》であった。ミンカムが支給されたことで労働時間を減らした住民は、男性で１％、既婚女性で３％、未婚女性で５％に過ぎなかったことが報告されている。しかもその減少分は単に楽をするために使われたわけではなかった。ミンカムの導入によって時間と生活に余裕ができた分、幼い子供を持つ母親は育児に専念することができ、学生はより長い時間を勉学に費やせるようになったことが成果として挙げられている。

また、ミンカムの導入によって精神疾患や犯罪件数、家庭内暴力の件数が減少し、学業成績が向上していたことも明らかとなった。特に病院での入院期間が8.5％も減少したことは予想だにしていなかった驚くべき成果であり、医療への公共支出の面から見ても財政的なメリットが大きいことが検証された。

更に、ミンカムについての研究を行っているマニトバ大学フェローのデイヴィッド・カルニツキーは、企業と労働者の関係において、ミンカムが導入されたことによって労働者の立場が強くなり、賃金の上昇が示唆されたことに言及している。

このようにミンカムは、気候に左右されがちなカナダ・マニトバ州の農家の脱貧困の助けとなるだけではなく、様々な面から「国民の生活の豊かさ」と「社会的コスト削減」に貢献した制度であったとして、現在では非常に高く評価されている。

② 近年の導入実験とスイスの国民投票

ミンカムに関する最終レポートの発表と、貧困と格差問題に悩む国際的社会的風潮が相まって、近年になって先進各国はＢＩの導入実験に盛んに取り組み始めている。

中でも有名なものは、フィンランド、オランダのユトレヒト市、カナダのオンタリオ州などで実施された試験的ＢＩであろう。また、アメリカのスタートアップ・インキュベーターである「Ｙコンビネータ」も独特のＢＩ導入実験に着手している。

i．政府・公的機関によるBI導入実験

フィンランドの試験的ＢＩは、２０００人の失業者に対して毎月５６０ユーロ（約７万３千円）が支給されるというものである。フィンランドにおける生活費は日本とほぼ同等と言われており、この金額は対象者が持ち家の場合には十分に暮らしていける水準である。

この政策では、失業者が期間中に再就職したとしても支給が途中で打ち切られることは無く、２０１７年１月から２０１８年12月までの２年間は継続的に受給できる点がポイントである。

本試験の目的は、ＢＩが新しい社会保障として機能し得るのか、そしてＢＩの導入によって生産性やモチベーションがどのように変化するのかといったことを確かめることであるが、この効果に関する公式なデータは２０１８年までは公開されないことになっている。今後の成果報告が待ち望まれるところである。

オランダのユトレヒト市でも、２０１６年１月よりＢＩの試験導入が行われている。これは失業給付や生活保護を受給している一部の人々に毎月９００ユーロ～１３００ユーロ（約12万円～17万円）を給付する制度であり、この金銭は課税対象の収入とはみなされない。また追加的な労働を行って収入が得られたとしても受給額が減らない制度となっているため、労働意欲が失われないとされている。こちらも成果についてはまだ公式に発表されていない。

カナダのオンタリオ州では貧困ライン以下（全住民の13％が該当する）の４０００人を対

象として、2017年より単身者に年間1.7万カナダドル（約139万円）、夫婦で年間2.4万カナダドル（約196万円）を支給する。労働収入がある場合には最大でその収入の半分が減額されるが、医療給付、障碍者手当などの従来の給付制度はBI受給と併用でき、その分のBIは減額されない設計になっている。

ⅱ．民間企業／団体によるBI導入実験

ここまでに紹介したフィンランド、オランダ・ユトレヒト市、カナダ・オンタリオ州の事例は国／自治体などが主体となったBIの導入実験であるが、その他に民間でもBIの導入実験に取り組む動きがある。アメリカのシリコンバレーでスタートアップ企業を中心に投資しているベンチャーキャピタル「Yコンビネータ」の例は、その代表的なものであろう。

Yコンビネータが2016年より試行しているBI制度は、被験者1000人に月1000ドル（約11万円）、被験者2000人に月2000ドル（約22万円）、更にコントロール・グループとして他の2000人には50ドル（約5500円）を支給するものである。ちなみに、本プログラムの目的は他のプログラムと少し異なっており、「個人の時間・お金の使い方、精神面と身体面の健康状態、子供や社会生活への影響」を評価するためであるとされている。先に紹介した国／自治体のケースがBIの社会保障制度としての有効性を検証しようとするものであったのに対して、Yコンビネータのケースは BIという無償のお金を一般の

BIの試験導入事例

	政府 / 公的機関による BI			民間企業 / 団体による BI	
実施主体	フィンランド	オランダ ユトレヒト市	カナダ オンタリオ州	Y コンビネータ（シリコンバレー）	ギヴ・ディレクトリ（ケニア）
対象者	失業者 2,000 人	失業給付 / 生活保護受給者の一部	貧困層 4,000 人	被験者 3,000 人	住民約 100 人
支給額	月 560 ユーロ（約 73,000 円）	月900〜1,300ユーロ（約 12 万円〜17 万円）	年 1.7 万カナダドル（単身者 / 約 139 万円）	月 1,000 〜 2,000 ドル（約 11 万円〜 22 万円）	月約 23 ドル（約 2,500 円 / 当地の平均収入の半額）
特徴	再就職による減額なし	追加的収入による減額なし	労働収入は減額されるが、従来の給付（医療、障碍者手当等）は併用可能	人々の行動や価値観の変化の観察研究が目的（社会保障目的ではない）	給付された金銭が建設的な目的に使用されたとの進捗報告有（2017 年 3 月）

（Web ニュース等を基に筆者作成）

人々に給付したら生活や行動がどう変わるのかを検証しようとするものであるという点が特徴的である。

Yコンビネータがこうした実験を行う背景には、AIの存在がある。シリコンバレーを拠点とするYコンビネータは日々AI関連の情報に触れており、AIが発達して人々が働かなくて良いほどに経済活動の生産性が高まった場合に、人々はどのように活動し、どのように生活を営み、どのような社会になるのかについて検証しようとしたわけである。イーロン・マスクやビル・ゲイツといったAI・IT関連のベンチャー経営者達はAIが高度に発達した社会に対して深刻な懸念を表明しており、そうした社会において社会の安定・健全化機能を担う手段としてBIの有効性を評価しているのである。

また、先進国ではないがケニアでもBIの試験プログラムが導入された。この実施主体となったのはニューヨークを拠点に活動する「ギヴ・ディレクトリ」というNGO団体であり、2016年10月より約100人に対して12年間の計画で、当地の平均収入の半額程度となる月約23ドルを支給している。

2017年3月にこの実験の進捗報告がなされたが、それによると、被験者はプログラムによって得られた収入を「漁網と浮きを買う」「食糧の購入と貯金」「学校の支払い」などの建設的な目的に使用しており、仕事を辞めたりアルコールなどに使用されたりすることは無かったと報告されている。

このように様々な試験的BIの形態があるものの、全体としては概ね良好な結果をもたらしている。

ただし、現在行われている導入実験の多くは、受給できる人が貧困者や失業者に限られていたり期間が定められていたりするなど、〝本来のBI〟の姿と比較すると完全な姿ではない。よく見てみると、フィンランドの制度は失業保険に近く、オランダ・ユトレヒト市の制度は社会保障の一元化という性格のものであり、カナダ・オンタリオ州の制度は生活保護に近い。その意味ではYコンビネータやケニアでのギヴ・ディレクトリ・プログラムの方が本来のBIに近いと言えるであろう。

現在進行形の各国の導入実験はこのような実態となっているが、本当の意味でのBIの有効性については今後追加的に検証していく必要があるだろう。

iii．スイスの国民投票否決

一方で、スイスでもＢＩの導入が検討されたものの、２０１６年の最終的な国民投票で否決されたことも大きなニュースとなった。

この時の案は、成人に対して月２５００スイスフラン（約28万円）、未成年者に対して月６２５スイスフラン（約７万円）が無条件に支給されるというものであった。数字だけを見るとＢＩとしては非常に高い支給額に見えるが、そもそもスイスは物価が高く日本の２〜３倍と言われている。そして生活保護が適用される所得ラインが月当たり約26万円となっていることを踏まえれば、「生活するために必要なだけの金額」というＢＩの条件と照らしてこの金額は妥当と評価できよう。

国民投票でＢＩの導入が否決された理由を考えてみると、スイスは元々租税負担率の低い国であり、ＢＩ導入に必要な増税に対する心理的抵抗が大きかったこともあるが、現行の社会保障制度下でも経済格差が比較的小さく、またその格差もほとんど拡大傾向には無いため（２００５年のジニ係数が０・２８であるのに対して２０１４年は０・３０）、多くの国民にとってあえてＢＩを導入する必要性が感じられなかったというのが重要な要因であろう。これに加えて、陸続きのヨーロッパの真ん中に位置するスイスではＢＩ目当ての移民が容易に流入してしまうことへの懸念なども呈され、これらの複数の要因によって否決されることとなったと捉えられている。

スイスの事例は、ＢＩが全ての国において有効とは言えない可能性を示している。従来型の社会保障制度が有効に機能しており、より少ない国民負担で十分なセーフティネットの整備と格差拡大の抑制ができるのであれば、ＢＩ無しでも健全な社会と経済の運営が可能であると考えることができる。

③ イギリスでホームレスにお金を与えたらどうなったか

最後に、２００９年にイギリスのロンドンで行われた、新しい社会保障のあり方を考えていく上での興味深い社会実験を紹介しておこう。

ホームレスへの対応と社会的コストの増大に悩まされていたロンドンの行政は、「ホームレスに直接現金を与えると何が起こるだろうか」と考えた。そして、男性ホームレス13人に対して一人当たり月３０００ポンド（約45万円）という破格の金額を無条件で与え、それ以外の特段のサポートは行わず、そのお金をどのように使うのかを彼ら自身に委ねてみるという社会実験を行ったのである。

その結果、実験開始から1年半後には、13人中7人が屋根のある生活を営み、２人がアパートへ移ろうとしており、そして支払い能力の獲得や個人的成長に繋がるような社会的リハビリ、講座の受講、将来の計画立案といった〝良き〟方向に13人全員が動き出していたという成果が得られている。

また、実験前は彼ら13人に対して費やしていたソーシャルワーカー等の社会コストが年間40万ポンド（約6000万円）であったのに対して、実験後は年間5万ポンド（約750万円）まで減ったという。彼ら13人への無条件の給付金額の合計が約7000万円であったといえども、給付金以外の行政コストを大幅に削減し（約5250万円の削減）、「単に生き延びるだけの人生」から「前向きに生きる人生」、そして「生産活動に関わる人生」に向けた転換をもたらしたという点において、本実験の成果は画期的であったとみなされている。

所得格差が拡大するほどに、社会コストは増加していく。治安のための警備費、弱者救済のための社会福祉費など、「貧困層を生き延びさせ、トラブルを防ぐ」ためのコストは国家を安定させるための必要経費と考えられているが、それはマイナスを減らすための財源活用でしかなく、プラスを生み出すまでの作用はもたらしにくい。その点、ケニアやロンドンのケースで顕著なように、無条件現金給付であれば、国家全体の経済や受給者の意識に対してプラスをもたらす可能性が十分にあるのだ。同じコストを費やすのであれば、より社会に貢献できる形での活用が望ましいことは間違いない。

ロンドンの社会実験

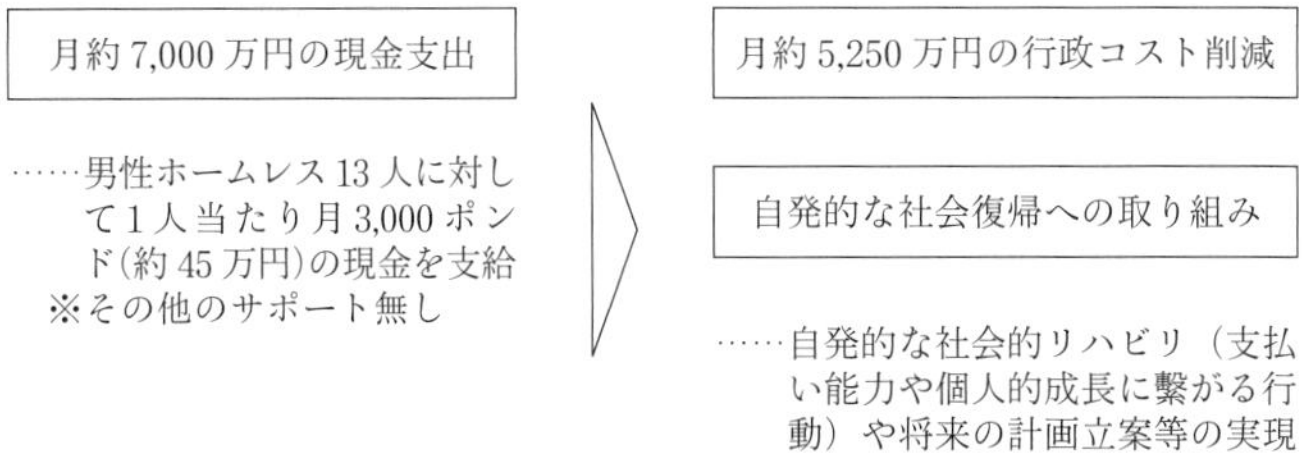
月約7,000万円の現金支出
……男性ホームレス13人に対して1人当たり月3,000ポンド(約45万円)の現金を支給
※その他のサポート無し
月約5,250万円の行政コスト削減
自発的な社会復帰への取り組み
……自発的な社会的リハビリ（支払い能力や個人的成長に繋がる行動）や将来の計画立案等の実現

（ルトガー・ブレグマン『隷属なき道』を基に筆者作成）

また、フリーマネーは人を怠惰にするという懸念がしばしば呈されるが、貧困層が貧困から脱するための手段や方法論は実は彼ら本人が一番よく知っているということを、先のロンドンの実験は示している。

貧困層に属する人々は、お金が無いために人生の選択肢が限られ、それが貧困からの脱却を阻んでいる。逆に言えば、お金を得ることさえできれば、彼らは前向きに生きるための選択肢を手に入れ、社会生活と経済活動に積極的に関わることができるようになるのである。

第3節　民主主義・資本主義とBI

本章の冒頭でも述べたように、格差と貧困の問題が深刻化している先進各国では、社会構造と経済構造を根本から立て直す必要性に迫られている。富裕層と貧困層の二極化が進めば消費性向の高い中～低所得層の消費が減少し、国全体としての消費も落ち込む。これによって経済の活力は低下し、生産性は低迷し、ひいては少子化の歯止めもかからず、質・量両面で労働力が更に低下して、国家の競争力はますます衰退していく。

このことに気づいた先進各国では、近年、新たな社会保障のあり方の模索が盛んに行われており、その中でも注目を浴びているのがＢＩである。

前節で紹介してきたように、すでに複数の国々でＢＩの導入を検討・着手しているが、日本では話題に上がることはあっても前向きに検討されている兆しは無い。しかし、貧困と格差の問題が他の先進国以上に深刻化し、経済も停滞している日本でこそ、検討されるべきであると筆者は考えている。

本節では、まず日本の格差の現状と「格差と貧困」問題がどのような悪影響をもたらすのかといったことを説明した上で、現行の社会保障制度は限界を呈しているということ、そしてこれからの民主主義と資本主義を健全かつ安定的に発展させていくためにもＢＩが不可欠であるということを、筆者の私見を交えながら解説していく。

(1) 格差の弊害

日本の格差は他の先進国と比較して小さいと認識されがちであるが、それは飛びぬけて裕福な一握りの〝超〟富裕層が少ないためであろう。実際には格差は年々拡大傾向である上に、他国と比較してもジニ係数が高く、特に相対的貧困率は世界的に見ても非常に高いレベルである。

また、経済格差が生じるほど経済成長も滞るといったマクロ経済のメカニズムを実証した調査結果も示されており、日本の経済成長の停滞は格差によってもたらされていると見なすことができる。

① 日本の格差の現状

では、日本の経済格差はどれほどなのか。その度合いを測る時に使われるジニ係数（0に近いほど平等であり、1に近いほど貧富の差が大きいことを表す指標）を見てみよう。

所得におけるジニ係数は年々増加の一途を辿っており、2015年時点で過去最大の0・

ジニ係数の推移

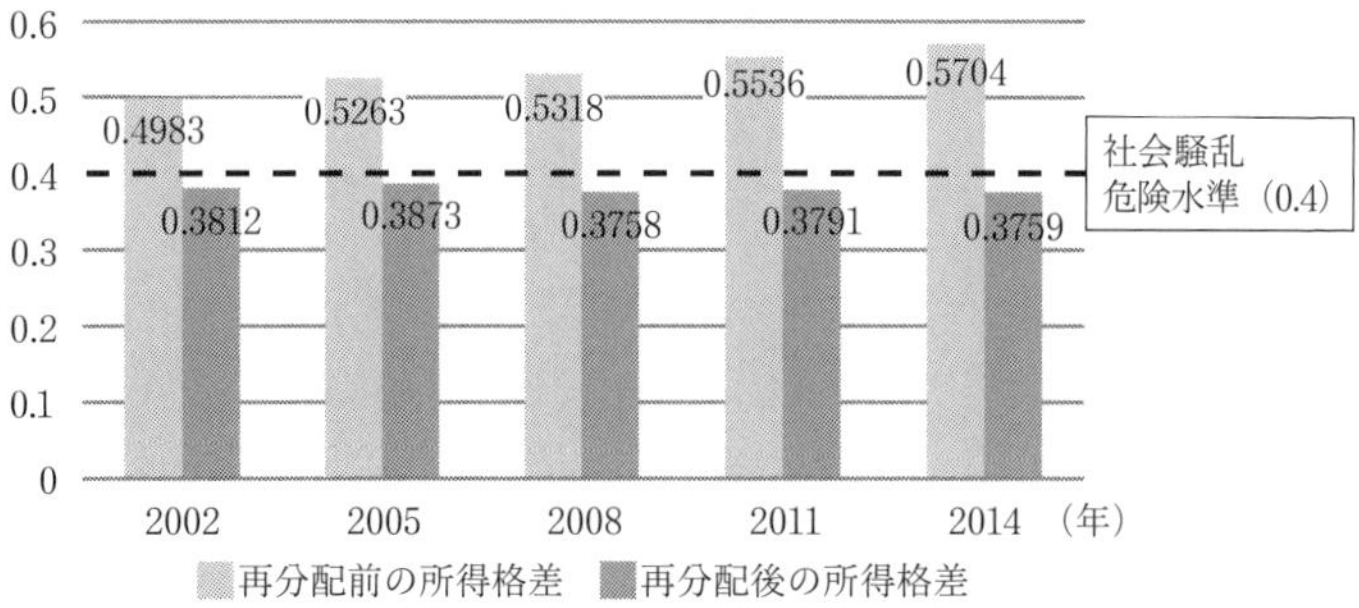

（厚生労働省作成資料「平成26年所得再分配調査報告書」を基に筆者作成）

57に達している。社会保障や福祉政策による再分配後のジニ係数で見れば、ここ何年かは0・38程度の水準を保っているが、0.4を超えると社会騒乱が発生するリスクが高まるとも言われるように、ギリギリのラインで何とか持ちこたえている状況であると言わざるを得ない。

一方、相対的貧困率（等価可処分所得の中央値の半分以下の人の割合）は2011年の時点で16・0%に達している。これはOECD平均の11・6%を大幅に上回る水準であり、日本国民の6人に1人が等価可処分所得122万円以下での生活を強いられているということになる。更に一人親世帯の子供の相対的貧困率は50・8%とOECD加盟国中で最悪である（OECD平均は31・0%）。

この2つの指標が何を意味するかというと、

相対的貧困率の国際比較（2011年）

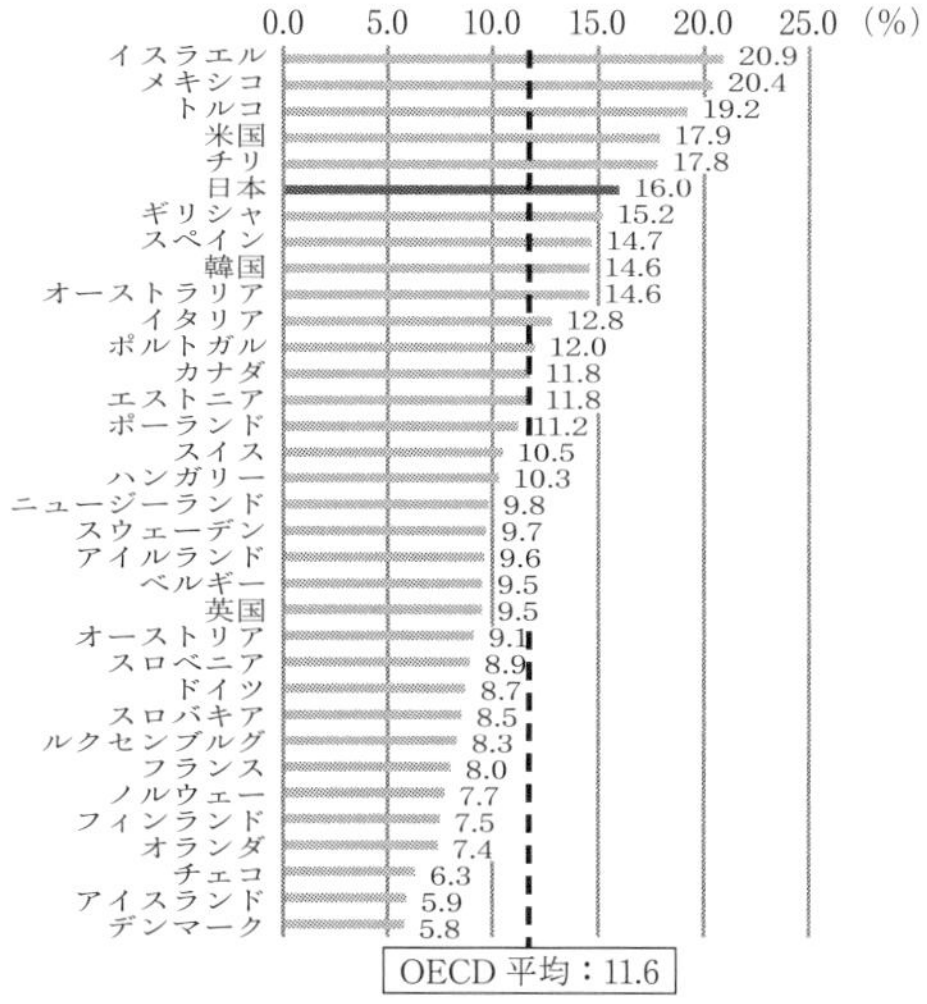

（OECD Income Distribution Database を基に筆者作成）

富の再分配が過少であるということと、貧困層が通常の生活を営むことすら困難な金銭的困窮に陥っているということである。

　また、トマ・ピケティの「r（資本収益率）＞g（経済成長率）」の公式にも示されているように、経済格差に強い影響を及ぼすのは、経済成長率と連関して伸びていく所得よりも所有資産の多寡の方である。資産のジニ係数は再分配後であっても0・57となっており、所得のジニ係数よりかなり高い。

　実は日本には超富裕層（資産5億円以上）が比較的少なく、資産のジニ係数は他の先進国と比較すると低い。しかし超富裕層の下の富裕層（資産1億円以上）は、日本全体での経済成長が事実上止まってしまっているこの20年の間にも年々増加してきている。先にも述べたように、超富裕層と富裕層を合わせた世帯は、２００５年に87万世帯であったのに対して、２０１５年では１２２万世帯と、10年間で４割以上も増加しているのだ。そして国民の人口における資産１億円以上を保有する富裕層の割合は1.9％と、ドイツ、アメリカの1.4％を抜いて主要国の中では世界１位である。この指標で見るならば、「日本は世界で一番お金持ちの割合が多い国」ということになる。

その一方で、日々の生活に所得を全て費やしてしまい、資産を全く持てない貯蓄ゼロ世帯も増加傾向にある。貯蓄ゼロ世帯は２００５年に１５０５万世帯であったのに対して２０１５年には２３６６万世帯と、こちらも10年間で５割以上増えており、これは過去最高である。２０１５年の時点で一世帯当たりの金融資産額の平均が１２０９万円であるのに対して中央値が４００万円と３倍もの差がついてしまっていることからも、資産の偏り度合いの大きさが感じられることであろう。国家全体での家計の金融資産残高は増加し続けているということも加味して考えれば、富裕層が増える一方で貯蓄ゼロ世帯も増加しているという現状をうかがい知ることができるだろう。

つまり、所得の面でも資産の面でも、富める者はさらに富み、貧しい者はさらに貧しくなるという二極化現象が進行しているのである。

このような日本の格差の要因として、収入を年金に頼って生活する高齢者の割合の増加を

保有資産別世帯数増加率（2005年～2015年）

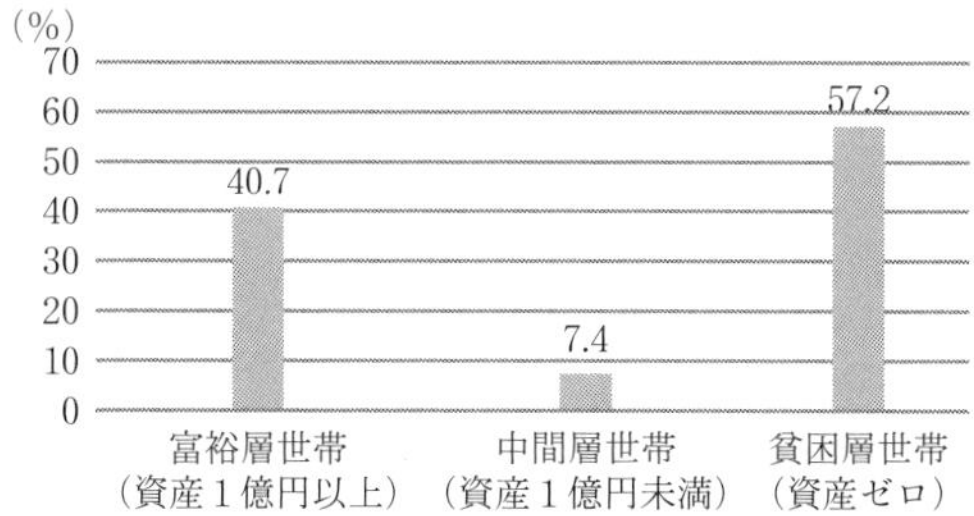

（金融広報中央委員会統計資料「家計の金融行動に関する世論調査」および野村総合研究所レポート「日本の富裕層は122万世帯、純金融資産総額は272兆円」を基に筆者作成）

資産ゼロ世帯率の推移

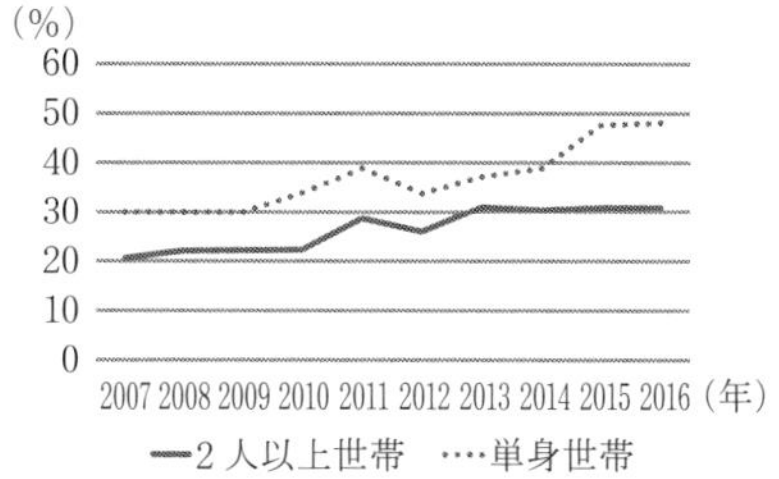

（金融広報委員会統計資料「家計の金融行動に関する世論調査」を基に筆者作成）

2人以上世帯の金融資産保有額の推移（2007年～2016年）

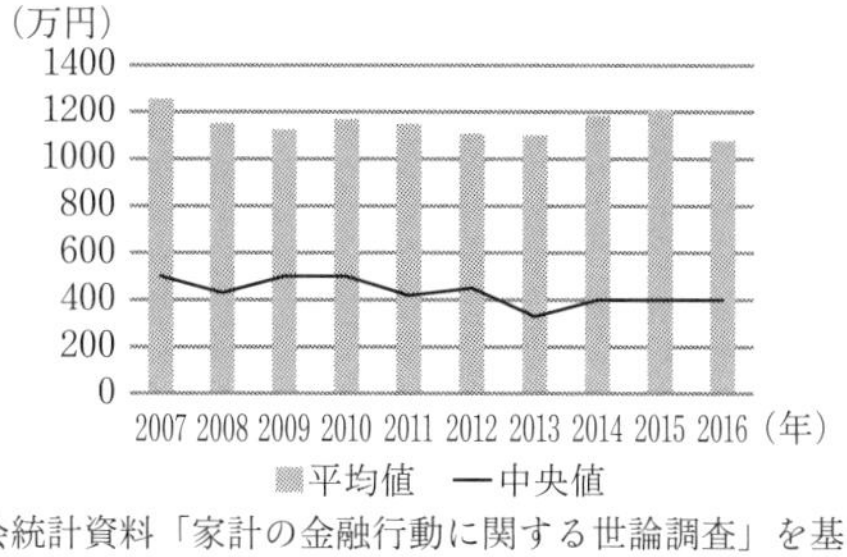

（金融広報委員会統計資料「家計の金融行動に関する世論調査」を基に筆者作成）

挙げる向きもあるが（収入が国民年金だけだと相対的貧困水準になる）、要因はそれだけではない。核家族化が進む中で、親の介護や子育てなどがあって定職に就けない人も少なくないし、細分化されたニーズ対応型の社会保障制度が複雑で、十分にその恩恵を受けることができていないといったケースも多々見られるのである。

日本では社会保障制度によって富の再分配が行われ、再分配前のジニ係数０・５７が再分配後のジニ係数０・３８になるように、格差縮小に多少は貢献しているものの、それでも相対的貧困率も一人親世帯の貧困率も世界で最悪水準であり、しかも二極化がますます進行しており、事態は悪化傾向にあるというのが実情なのである。

②教育格差と「欠乏の心理」

経済格差を改善するためには、ＢＩや社会保障制度よりも教育投資の方が効果的であるという声も少なくない。確かに、貧困家庭では高度な教育を受ける経済的余裕が無く、富裕層だけが高収入の職業に就くために高度な教育を受けることができるという実態がある。このように経済格差は教育格差を生み出し、教育格差がまた経済格差を生み出すという悪循環が起こっているのだ。こうした現実を顧みると、教育格差の是正に着手するという方法は理屈の上では一理ある。

しかし実は教育支援だけで貧困家庭を救うことは難しい。なぜなら貧困家庭においては、自営業の店を手伝わせる、アルバイトに出すなど、子供を重要な労働力として捉えがちであるのが現実だからである。貧困家庭の子供の教育環境を変えようとするならば、まずは子供ではなく家庭の経済状況を変えなければならないのだ。

更に貧困家庭の教育問題では、経済格差が人の心理にもたらす負の影響も大きい。人は人との相対化の中で生きているため、格差が広がると金銭的なダメージだけでなく、心理的なダメージも大きくなる。プリンストン大学の心理学者エルダー・シャファーはこれを「欠乏の心理学」と呼び、人の欠乏感にはメリットとデメリットの両面があると述べた。

「欠乏感」は貧困者だけが持つものではなく、誰にでもあるものである。例えば企業の経営者は競合他社の経営者との相対化によって、ビジネスパーソンや学生であれば同僚や同級生との相対化によって、そしてプライベートでは近所の人との相対化によって、人は時に自分の方が劣っている／不足しているという欠乏感を感じるものである。

それがほど良い度合いであれば、欠乏を埋めるための努力や方法に意識が向き、その解決を合理的・効率的に行う行動に結びつく。ライバルの存在によって能力向上が加速したり、競合企業がいることで製品やサービスの質がより向上したりするといったことがこれに該当する。

一方、欠乏感が大きくなりすぎると長期的な視野が失われ、目の前の自分の不足に意識が集中し、常に不安になり、気が散るために合理的な判断ができなくなってしまうことが明らかにされている。大きな欠乏感を感じさせられる状態に置かれると、人は自分自身を理性的にコントロールすることが難しくなるのである。

この辺りのメカニズムを実際の生活に即してもう少し具体的に説明しておこう。

裕福ではあるけれども日々多忙な人と、働いても働いても貧困に陥っている人とを見比べると、どちらも何らかの欠乏感を抱えているという点では共通している。しかし両者の大きな違いは、本人の意思で休むことができるかどうかである。貧しい生活を営んでいる人は、自らの意思で休むことができない。休むと収入が減ったり、最悪の場合は職を失ったりして生活が破綻してしまうからである。そのため、日々目の前の生活の資金繰りにばかり意識が集中し、どんどん正常な判断をするためのワーキングメモリが消費されていってしまう。

これは、特別奨学金や給付金付きの教育プログラムのような制度があったとしても、そのような選択肢が貧困者の視野から外れてしまい選択できなくなってしまうことを示唆している。従って、彼らが長期的視野を持って合理的な選択をするためには、まず貧困から抜け出さなければならないということなのである。

教育だけではない。労働にしても食事にしても余暇の使い方にしても、過剰な貧困に陥っている場合には、行動の全てが目先の問題を解決するための短期的な対応だけに終始し、長期的合理性を度外視した選択になってしまうというのが人々の生活の実態なのである。

先にも述べたように日本の格差は年々開いており、相対的貧困者は約6人に1人、他の先進国と比較してかなり良くない状況である。この格差社会と貧困層の増大は、日本全体の活力を取り戻すためにも改善されなければならない。

③ 格差は富める人をも不幸にする

再分配の話をすると「貧困者を救う」ためだけのように受け取られがちであるが、実は貧富の格差が拡大すればするほど、貧しい人だけではなく富める人までもが幸福感を失うことが明らかとなっている。

経済学者のリチャード・ウィルキンソンと疫学者のケイト・ピケットによって著された『平等社会』によれば、社会の経済的不平等性が高まるほど、富める人も気分が塞いだり、疑い深くなったり、その他の無数の社会的問題を背負いやすくなったりするという。

この経済的不平等と社会問題の相関については、その後も数々の検証がなされ、立証されてきた。また逆に、広範な福祉体制が整っている国においては、富める人も貧しい人もより幸せであり、社会的問題をあまり抱えていないことも示されている。キューバでは教育、医療などの公的サービスは全て無償であり、一人当たりGDPが約7000ドルという決して豊かとは言えない生活を営んでいても皆が明るい表情でライフを楽しんでいることからも、このことは理解できるであろう。

もちろんこうした幸福感や社会の活力の問題の要因は所得格差だけではないし、ある程度の不平等が生じてしまうというのは自然なことである。努力によって人より秀でたいという意欲の発生は人間の必然であり、その対価として報酬がもたらされることは健全なモチベーションに寄与する。しかしシャファーの欠乏の心理学で示されたように健全な格差には健全とみなされる範囲があるのだ。

日本をはじめとする先進国では、格差が〝適切〟な範囲をはるかに上回ってしまっている。これを適正水準まで戻すための再分配制度は、貧困層だけではなく、裕福な人まで含めた社会全体の活力を向上させるためにも必要不可欠なのである。

④ 現行の社会保障制度の限界

このような格差の問題を解消するために、ニーズ対応型の社会保障制度が適していると考える人もいる。しかし現行の複雑な社会保障制度をより複雑にして対応していくことは、格差解消に対する有効性の観点からも運用コストの観点からも望ましくないと考える。

現在の社会保障制度のままで、数十年後の全国民の生活を支え切れる保証は無い。

２０１５年の社会保障費は１１９兆円。２０００年の78兆円と比較して約１・５倍に増大してきており、２０２５年には１４９兆円に達する見通しである。このように現行の社会保障制度の財源確保は国家の重要課題となっている。

　財源の話に加えて費用対効果の問題も大きい。先にミンカムやイギリスの事例で紹介したように、現物給付（サービス）の代わりにそのコストと同等の現金を与える方が、国民一人一人にとっても社会全体にとっても効果的・効率的であるという社会実験の結果も出ているのである。

　また、そもそも日本では、すでに現行の社会保障制度が有効に機能しなくなっているということも重く見なければならない。

　例えば、生活保護から脱却するだけの十分な収入を得られていない家庭に対し、在宅訪問のケースワーカーが未成年の子供のアルバイトを強く提言し、結果として子供が勉学に励めず成人後の就職先が限定され、貧困家庭から抜け出せないといった悪循環が生じている。子供のアルバイトを強く提言するのは現行の生活保護の制度に則った正当な行政行為として行われているのであるが、こうした実態を招いて貧困の再生産をしていくような現行の制度は明らかに非合理であると言わざるを得ない。

　また年金制度においても、厚生年金加入者と国民年金加入者ではリタイア後の収入に大きな格差が生じるし、そもそも国民年金すら支払うことができない人は、退職後は生活保護に頼らざるを得ない。今のままの社会保障制度では、経済格差はどんどん開いていく一方であ

社会保障に係る費用の推移

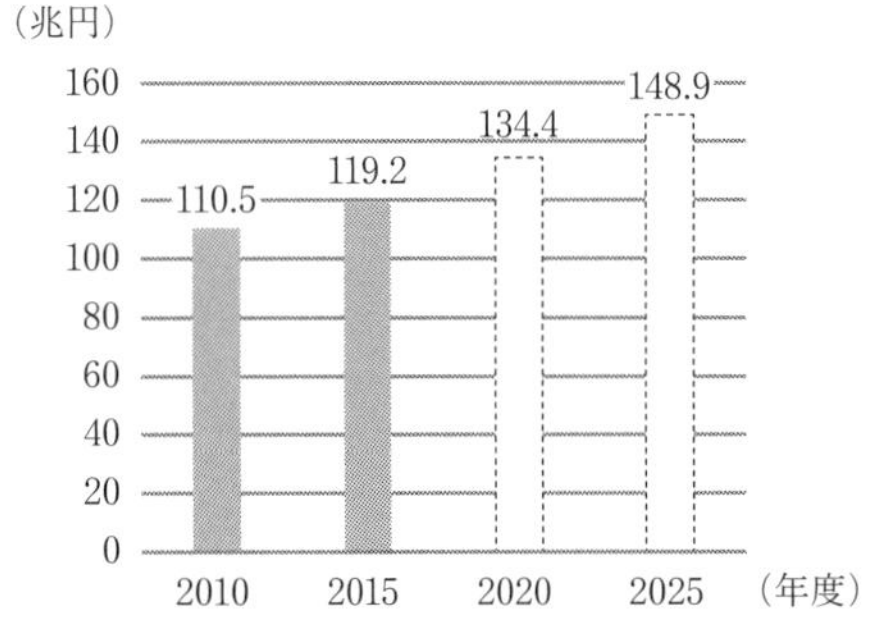

（社会保障制度改革国民会議資料「社会保障に係る費用の将来推計について」および国立社会保障・人口問題研究所統計資料「社会保障費用統計」を基に筆者作成）

る。年金の一元化を含む年金制度の改革は10年以上も前から重要な政策テーマとされているものの、実際に手がつけられたのは年金掛金の増額と支給開始年齢の引き上げという、保障を薄くする方向だけである。格差を縮小し、特に貧困層の老後の不安を解消するために必要な厚い厚生を実現するための根本的な制度改革には、何も手がつけられていないのが現実である。

現行の社会保障制度は、約30年前の制定当時は有効性が高いと考えられて施行された制度であったし、かつては実際に有効に機能していた。それがこの約30年の間に有効性を失い、むしろ格差と貧困を助長するような作用まで生むようになってしまっている。

この背景には、社会構造や経済構造が大きく変化しているという事実がある。その変化に社会保障制度が対応できていないのだ。

なぜ国民の生活を守るために作られたはずの社会保障制度が格差と貧困を生み出すようになってしまったのか。その一番大きな要因は、人口動態の大きな変化である。

１９８０年時点では、人口の67・４％を占めた生産年齢人口（15〜64歳）が9.1％の老年人口（65歳以上）を支えていた。つまり7.4人で一人を支えていた計算になる。これが２０００年には67・９％の生産年齢人口で老年人口14・６％を支えるようになり（4.7人で一人）、２０１５年になると60・５％の生産年齢人口で26・９％の老年人口を支える構造となった（2.2人で一人）。このような老年人口の急増は、医療や介護といったサービスの急増に繋がる。

僅かばかりの社会保障費や税制の改定では、この増加分を担うことはできない。

このとばっちりを受けるのは、現役世代の中で経済的補助を必要としている人である。そして現役世代が割りを食うことになると、社会全体が長期的衰退に向かう悪循環に陥ってしまうことになる。

現役世代が本来得られるべき補助（生活補助や子育て支援等）を受けられずに貧困層にとどまれば、彼らが納める税金は増加せず、国民年金すら納められず、社会保障の財源は目減りしていく。そしてそのような人はリタイア後に年金を受給できないため、生活保護に頼ることになる。つまり現役世代に対して必要な補助・支援を行わないことは、かえって将来の社会保障の支出を増大させ、しかも財源はますます減少していくという事態を招くことにな

人口動態の推移（1935年～2015年）

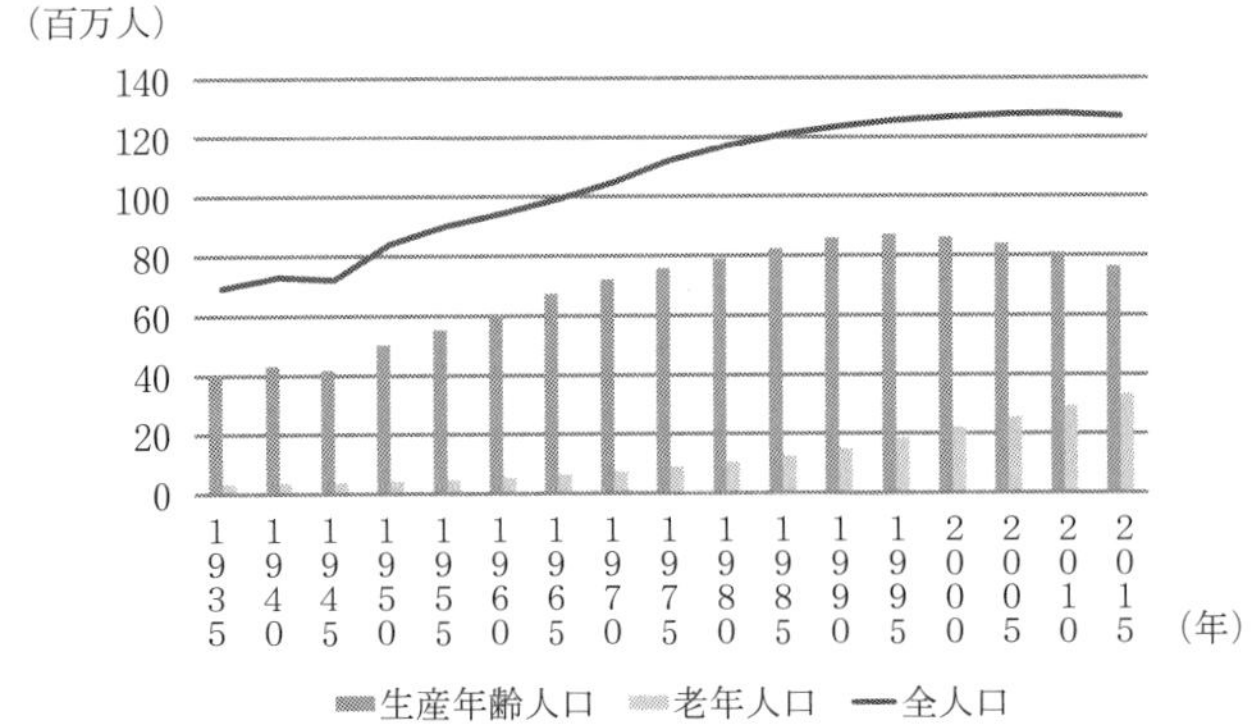

（総務省統計局統計資料「国勢調査：年齢 (3 区分) 別人口及び年齢別割合」を基に筆者作成）

生産年齢人口／老年人口 比率の推移（1935年～2015年）

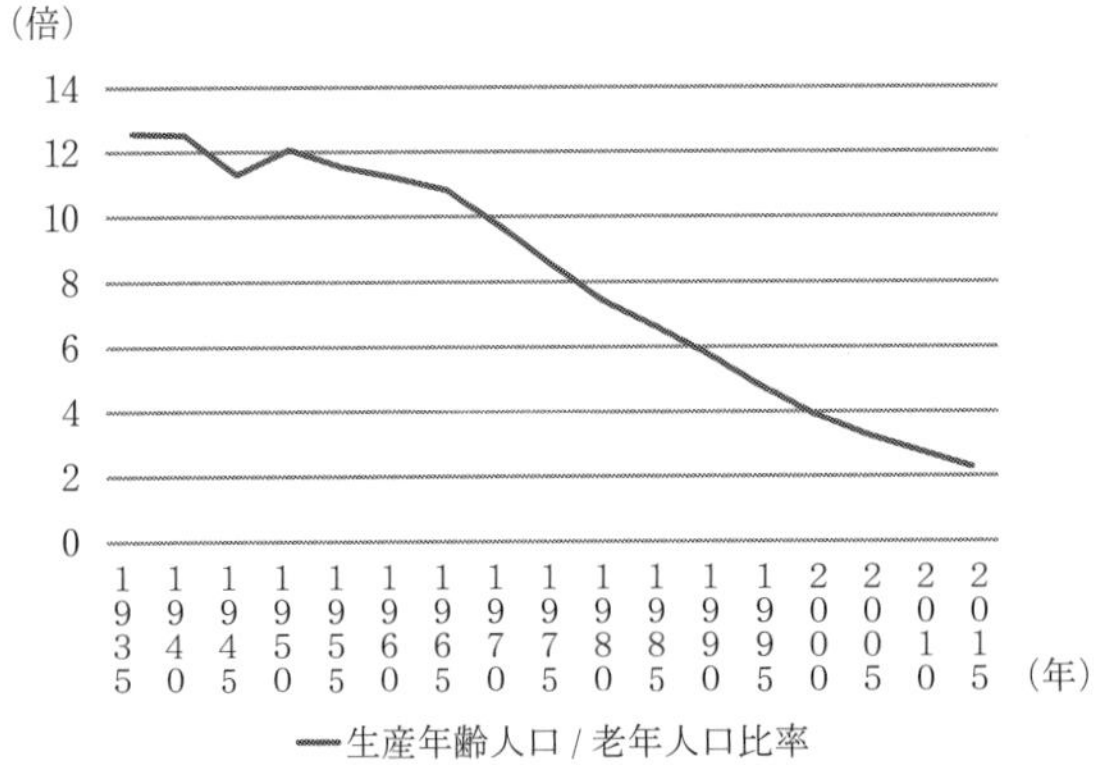

（総務省統計局統計資料「国勢調査：年齢 (3 区分) 別人口及び年齢別割合」を基に筆者作成）

セーフティネットの３本柱

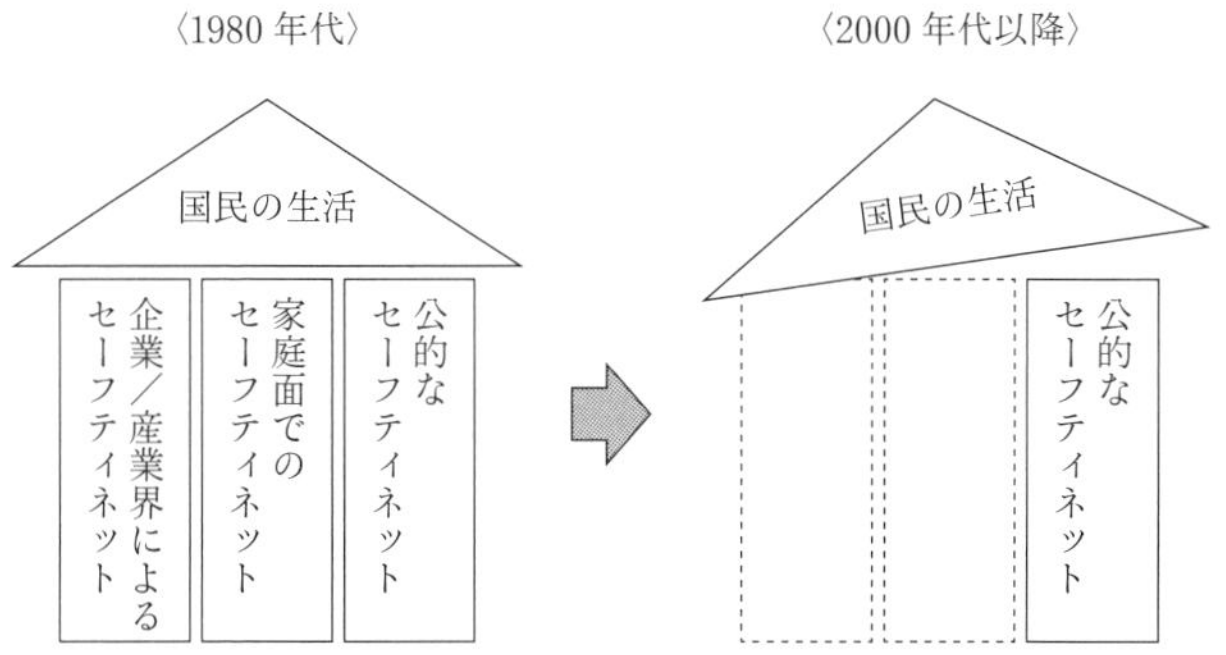

り、国民経済全体の活力低下をもたらすという悪循環を招くのである。

このように人口動態の変化に対応できていないということに加えて、現行の社会保障が古い社会構造と経済構造を基に構築された制度であることも歪みを生む要因となっている。

先にも述べたように、昔は、年功序列・終身雇用といった企業や産業界が担うセーフティネット、夫婦だけでなくその両親までが同居して家事・子育て・介護などの家族のケアを分担するといった家庭面でのセーフティネット、そして社会保障制度による公的なセーフティネットという3本柱によって、国民の生活の安心・安定がもたらされていた。

しかし現代では雇用が流動的になり、国際化が進んで自由競争が激しくなって企業・産業界によるセーフティネットが薄くなり、核家族や共働き世代も増えて家庭面のセーフティネットも消失しつつある。

こうなってくると、残る公的なセーフティネットによって社会保障を支えなければならないので、年金保険料や社会保険料を上げたり、受給年齢を引き上げたりせざるを得なくなってきているのである。年金に限って言えば、今から数十年後には受給が行き渡るのかどうかすら危うい状況である。

かつては、人が生きていく上での危機的状況に陥るリスクに対するセーフティネットとして、3本の柱で日本人の生活と人生を支えていたのに対し、人口動態の変化をきっかけにしてそうしたセーフティネットが成立するための条件が損なわれてしまい、近年では実質的には自分で自分の人生と生活を守らなければならない社会へと変容しているのである。

そして、こうした変化によって起こるのが消費の沈滞である。いつ職を失うか分からないからお金を使わずに貯蓄しておこう、年金が支払われなくなるかもしれないからなるべくお金を貯めておこう等、お金を使わないことへの意識はますます強まっている。

このような現在の国民が曝《さら》されている不安定な生活と不安な人生の実態を縷々《るる》述べてきたのは、もちろん昔の体制に戻るべきであるということを言いたいからではない。国際競争の中で日本だけが旧態依然の体制のままでは国家もろとも衰退してしまう。そうではなく、新たな社会構造と経済構造に即した社会保障制度に根本から変えていかなければならないというメッセージである。

(2) 日・米・欧、それぞれの対応

資本主義経済が発達し、経済が高度な水準に発展していくプロセスにおいて、格差と貧困問題が発生・深刻化するという問題は、現在の先進資本主義国に共通する構造的問題である。大きく見れば同じ問題に悩まされているとはいえ、こうした問題に対する対応の仕方は、日・米・欧でそれぞれ異なっている。

最も合理的に対応しようとしているように見えるのはヨーロッパ諸国である。各国とも50%台後半〜70%程度の高い国民負担率を設定して大きな再分配政策をとることによって、格差と貧困問題の緩和に成功している。２０００年代以降、生活保護や医療・介護といった社会保障を積極的に充実させ、また教育の無償化なども実現することによって、比較的好調に経済成長を達成している。

こうした厚い再分配策が奏功して、ＥＵ諸国の経済成長はゼロ成長の日本を大きく上回っているのはもちろん、格差解消よりも経済成長を重視した原理主義的な市場主義経済を営むアメリカと遜色ない水準を達成している。特に高い国民負担率による手厚い再分配が際立った北欧諸国が、それ以外のＥＵ諸国よりも高い経済成長を実現しているのは特筆すべき実績であろう。

また国民負担率は70%という世界最高水準であるにもかかわらず、２０１６年に国連が発

行した『世界幸福度報告書』において、世界で最も幸福度が高いという結果を示したデンマークも注目に値するであろう。デンマークは教育も医療も原則的に全て無料であり、生活保護や失業手当などの社会保障も十分に手厚い。つまり、国民負担率が70％と高くても、社会保障が充実していることによって〝生きていく不安〟がなければ、国民は幸福な気持ちで生活を営めるということである。

ヨーロッパ諸国とは対照的に、国民負担率が約30％と主要国の中で最も低いのがアメリカである。アメリカは、再分配の強化で経済成長と社会の安定化を図ろうとするヨーロッパと異なり、市場メカニズムを最大限に尊重し、資本主義のダイナミズムを重視する方針をとっている。

アメリカがヨーロッパ諸国と最も異なるのは、移民を積極的に受け入れて人口増を政策的に実現している点である。２０００年以降現在までにアメリカの人口は14・５％増加したが、この増加率は、英の11・５％、仏の9.7％、伊の6.7％、独の1.2％、日本の0.0％と比べて明らかに高い。また経済のダイナミズムを確保するために優遇税制などの支援策によって起業を促進し、その成果としてグーグルやフェイスブック、アップルといった世界的巨大企業を登場させることにも成功している。

しかしその一方で、アメリカの中間層の実質所得はこの30年間ほとんど増加していない。また、アメリカの上位１％の富裕層が国全体の資産の40％を独占しているという深刻な格差問題も生じている。2011年には格差を問題視した大学生を中心に、2ヶ月間にわたってオキュパイ・ウォールストリートという座り込みデモが発生したし、2016年の大統領選では社会民主主義者を自ら標榜するバーニー・サンダース氏が、民主党候補者として本命視されていたヒラリー・クリントン氏にあわやというところまで肉迫したのも記憶に新しい。

このようにアメリカは資本主義経済を最も原理主義的に運営しようとする方針によって、経済全体を拡大させる政策では一定の成果を達成しているものの、再分配機能の過少によって格差と貧困問題が深刻化してきていることが読み取れる。

こうした欧・米と比べて、日本は残念ながら、国民経済全体で見ても、格差と貧困問題に関しても、どちらも深刻な状況にある。本書でもこれまでに何度か触れてきたが、GDPの成長は2000年以降ほとんどゼロである。欧米諸国は人口が成熟しているドイツやデンマークも含めて、この15年間でどの国も30%〜50%の成長を達成しているのだから、日本は経済政策全般において明らかに合理的な対応ができていないと言わざるを得ない。

格差・貧困問題に対する社会保障制度に関しても劣等生である。ジニ係数、相対的貧困率、母子家庭の相対的貧困率等々の指標において、OECD34ヶ国中最低の水準にある。しかもそうした問題が年々悪化していっているのも深刻な問題である。ヨーロッパ諸国のように手厚い生活保障や医療・介護といった社会保障のセーフティネットを整備するでもなく、教育に投資したり研究開発を大胆に支援したりするわけでもなく、膨大な財政赤字の中で法人税減税・所得税減税を続けながら、逆進性のある消費税増税ばかり進めてきた結果、格差と貧困問題が深刻化し、国民経済も沈滞するという悪循環の見本のような国家運営をしてきたことの必然的な帰結であろう。

そしてこうした現状において日本がとり得る現実的な選択肢は、ヨーロッパ型の再分配強化しかあり得ないと考える。高齢化と人口減少が同時に進行している社会構造では、アメリカ型の原理主義的な市場メカニズム徹底の方針を取るのは適さない。高齢化社会の中で格差と貧困問題が深刻化している状況において、市場メカニズムを最重視したネオリベ的政策を強化する方向性は弱肉強食型の経済運営を招くことになり、格差と貧困問題を更に悪化させてしまうからである。従って、消費性向の高い低所得層の購買力を拡大して経済を活性化させることと、格差・貧困を緩和することの両方に有効な再分配を強化する方向でしか、選択肢は成立し得ないと考えられるのである。

(3) 民主主義・資本主義とBI

格差と貧困の問題は、社会保障制度の問題にとどまらず、マクロ的／国家的な更に重大な問題に発展していく。それは、経済を発展させ社会を安定的に保つために最も合理的な統治と社会運営の方法論として現在多くの国で採用されている民主主義と資本主義を、実質的に崩壊させてしまうという問題である。

資本主義経済は経済成長が継続することによって上手く回る。そして経済が成長している限りにおいて、資本は収益を拡大していき、労働者は所得が増えて生活が向上し、新たな製品開発や技術開発が促進され、世の中全体が便利に豊かになっていくという好循環のサイクルが成立するのである。

そして技術発明によって社会的生産量の拡大が起こり、その成果が所得増と人口増という効果に結びついて、人口増↓経済成長↓所得増↓製品開発促進↓経済成長↓人口増という、好循環の羽根車に弾みがついて経済成長が続いてきたのである。

この好循環によって、第一次・第二次産業革命は7.7億人↓75億人という途方もない人口増をもたらしながら、しかも人々の生活水準を向上させ続けることによって、約２００年もの間、安定的に経済を成長させ続けたのだ。

こうして、第一次産業革命の始まりから約２００年間は順調に経済は発展し、民主主義も進歩してきたのだが、その後20世紀終盤から21世紀初頭にかけて、技術開発と民主主義と資本主義とが三位一体となって社会を発展させる方法論に不調が生じてきた。特に、民主主義と資本主義の最先端国において、その現象が顕著に表れてきた。先進資本主義国で起きた不調の現象とは、人口の成熟／減少と経済成長の鈍化である。

先にも述べたように、資本主義経済は経済成長を通じて人々を豊かにし、健全な社会の発展と安定を実現する。そして経済が成長し、社会が安定している中で人口増が起こり、その人口増がまた経済成長を推進するという好循環が成立する。

しかし、人口の増加が止まり、経済成長が鈍化すると、この好循環も途絶える。人口が減少すると経済成長が難しくなり、経済成長が無ければ所得増は実現しないため生活の向上も無くなり、成長によってもたらされる収益の増分が無くなれば資本と労働の分配において奪い合いが起きて、企業経営も社会情勢も安定を欠くことになる。つまり、経済が好調に成長している時の好循環とは全く逆の悪循環のプロセスが起きてしまうのである。

そして、日本を筆頭に現在多くの先進資本主義国で起きているのが、人口の成熟に端を発したこの悪循環のプロセスであり、「格差と貧困」を要因とする経済の不調と社会の不安定化という問題なのである。当然ながら格差と貧困は、民主主義にも資本主義にも合わない。

格差は、個人の自由と機会の平等を最重要理念とする民主主義の根幹に反するものである。深刻な貧困は生活を営む上での活動の自由を損なうばかりか、希望する就学や自由な職業選択の機会すら奪ってしまうことになる。更に、そうした格差が固定化されてしまうと、富裕層と貧困層という階層構造社会になってしまい、機会の平等を旨とする民主主義の根幹が否定されてしまうことになる。

格差と貧困は、現代社会のもう一つの柱である資本主義にとっても望ましい現象ではない。資本主義経済の好循環の説明でも示したが、資本主義経済は新しい製品やサービスを次々に購入・消費してくれる厚い中間層が存在してこそ、成長し活性化する。一部の富裕層は日常的消費には飽和しているので国民経済全体を押し上げるほどの需要を持たないし、貧困層は生きるための必需消費で精一杯なため、新しい財やサービスを旺盛に消費するパワーを持たない。それればかりか、経済的余裕の無い家庭が増えれば出生率はますます低下し、国民全体の教育水準も向上せず、ひいては企業競争に必要な技術開発力も低下してしまうことになる。

これが日本を含む現在の先進資本主義国が直面している閉塞した経済と社会の状況なのである。

以上、見てきたように、格差と貧困問題を解決するためには、現行の経済構造と社会構造を根本から立て直す必要性がある。この格差・貧困問題の解決は、先進各国の体制の2つの基軸である民主主義と資本主義を再生、回復させることに直結した重大イシューなのである。そしてこの問題解決に最も有効なのがBIであり、BIの導入こそが民主主義を守り、資本主義のダイナミズムを回復させてくれる、多分唯一の方策だと考える。

BIに関わる負担は、一人当たりGDPが3万ドルを超えるような先進国であれば、GDPの4分の1程度である。国民全員で生み出した価値の4分の1を使って、国民の誰もが生きていくのに心配しなくても済むセーフティネットを構築することは、先進民主主義国家の国民の責任であり、国家として当然の公的インフラ整備と考えるべきであろう。

第Ⅲ章　AI+BIの社会で人間はどう生きるのか

第Ⅰ章、第Ⅱ章において、現在注目を集めている2つのテーマ、AIとBIについて解説してきた。AIは科学技術の最先端のテーマであり、BIは格差と貧困問題を解決するための社会保障施策の切り札である。そして、これら2つは全く異なる分野における、全く異なる目的を持ったテーマでありながら、実は「人類の叡智」として繋がるものである。

第Ⅱ章の第3節で示したように、資本主義と民主主義によって構築されている現代社会は、資本主義のメカニズムによって必然的に生じる格差と貧困問題によって閉塞し、破綻しかかっているが、これを打開できるのがBIである。BIによって実質的な民主主義を実現し、資本主義の活力を復活させることができる。ただし、BIが格差と貧困問題を解消するだけでなくマクロ経済のメリットまでも有しているとはいっても、経済成長の効果はそれほど大きなものではない。人口ボーナスの無くなった日本やヨーロッパではせいぜい3%〜4%程度であろう。

経済を大きく拡大し、現実的な豊かさを向上させる効力を持つのがAIである。AIは経済全般の生産性を飛躍的に向上させ、かつての産業革命に匹敵するような豊かさをもたらしてくれる可能性を持つ。極論すると、AIが生産活動のほとんどを賄い、人間はほとんど働かなくても良くなる可能性すら考えられる。

しかし、AIは人類にとって大変なリスクをはらんでもいる。原子力技術というイノベーションが核兵器という大変なリスクに結びついたように、AIも重大なリスクに繋がり得るのだ。シンギュラリティにからめて言われる、ロボットやＡＩに人間が支配されてしまうといった類いの話ではない。それよりは、ずっと現実的なリスクである。

現在の経済活動において価値を生む源泉は資本と知識である。資本は資本家が、知識は知識労働者、即ち人間が担っている。しかしＡＩが発達することによって、知識・頭脳労働において人間がＡＩに全く敵わなくなってしまったら、価値を生産するための経済活動に人間が関わる必然性が無くなってしまうことになる。圧倒的な性能によって人間の何万倍も、何億倍もの情報処理のタスクをこなせるＡＩが、自ら学習し、自律的に判断し、疲れることなく働くようになると、人間がすることが何も無くなる、或いは、何もさせてもらえなくなる。そうなってしまうと、ＡＩだけが生産活動を担い、そのＡＩを所有する資本家が経済の絶対的な支配者になってしまうことになる。このことは、ＡＩの所有者、即ち資本家だけが全ての富を独占することを意味する。

こうなってしまうと、人類がＡＩによって導かれるのは豊かな社会ではなく、ほとんどの人が仕事に就くことすらできないディストピアである。

このディストピアに向かわないために不可欠なのが、ＡＩが生み出した富を「再分配」することである。そしてこれまで検討・解説してきたように、再分配施策の中で最も民主主義的かつ経済合理的なのがＢＩなのである。多くの富を生み出すために有効な科学技術の所産であるＡＩを、豊かな未来の実現に活用するための手立てが社会科学の所産であるＢＩなのだ。

ＢＩはＡＩが生産活動の大半を担うようになった時に大多数の人々に生活の糧を保証する、人間が生きていくための新しい社会の仕組みであり、新しい社会を回すための方法論なのである。こうしてＡＩとＢＩが結びついて、人類は歴史的に〝新しいステージ〟に移ることができるのだ。

そしてＡＩとＢＩが人々を導いてくれる〝新しいステージ〟において、ＢＩは人々の生活を保障する仕組みであるだけでなく、「働かなくても、食って良し」という新しい社会規範と理念をもたらしてくれることになる。そしてこの新しい理念こそが、人類にとって歴史的な進歩の意義なのである。

産業革命によって、働き方もライフスタイルも、日々の楽しみも、人生の目標も、そればかりか家族形態も人間の寿命も世界の人口も、更には物事の善悪までもが大きく変わった。明らかに人類の歴史的なステージが変わったのである。それと同様か、それ以上の歴史的変化がＡＩとＢＩによってもたらされることになるだろう。「働かなくても、食って良し」の理念が共有化された世の中で、我々人間はどのように日常を営み、人生を送るのか。その姿についても新しいステージの入り口に立った今、考えておく必要があるだろう。

本章では、これからＡＩとＢＩが世の中をどう変えていくのかについて解説する。

第1節　AIとBIが導く〝新しいステージ〟

(1) AIがもたらす豊かな世界

ＡＩがこれからどのように進歩していくのかについては、様々な見方がある。ＡＩの発達によるシンギュラリティ到来を提起し、昨今のＡＩ論議のきっかけを作ったレイ・カーツワイルは、今から約10年後の２０２９年には知的活動の全ての分野において特化型ＡＩが人間の能力を上回り、２０４５年には汎用型ＡＩが開発されて、知能面で全面的に人間を凌駕すると予想している。

このカーツワイルの予想の信憑性はさておき、10年後から20年後には特化型ＡＩが多くの分野で人間の能力を上回り、30年後から50年後には汎用型ＡＩも開発されるだろうという予測が多いようである。知的に最も高度なゲームと言われている囲碁においてディープラーニング技術が開発されてからわずか4年でＡＩ（アルファ碁）が人間のチャンピオンを破った実績を踏まえると、10年後から20年後という近未来に様々な分野において特化型ＡＩが人間の能力を超えるのは間違いないであろう。

また、汎用型ＡＩが完成する頃（30年後から50年後）までには、人工筋肉や精巧なメカの

全脳エミュレーションと全脳アーキテクチャ

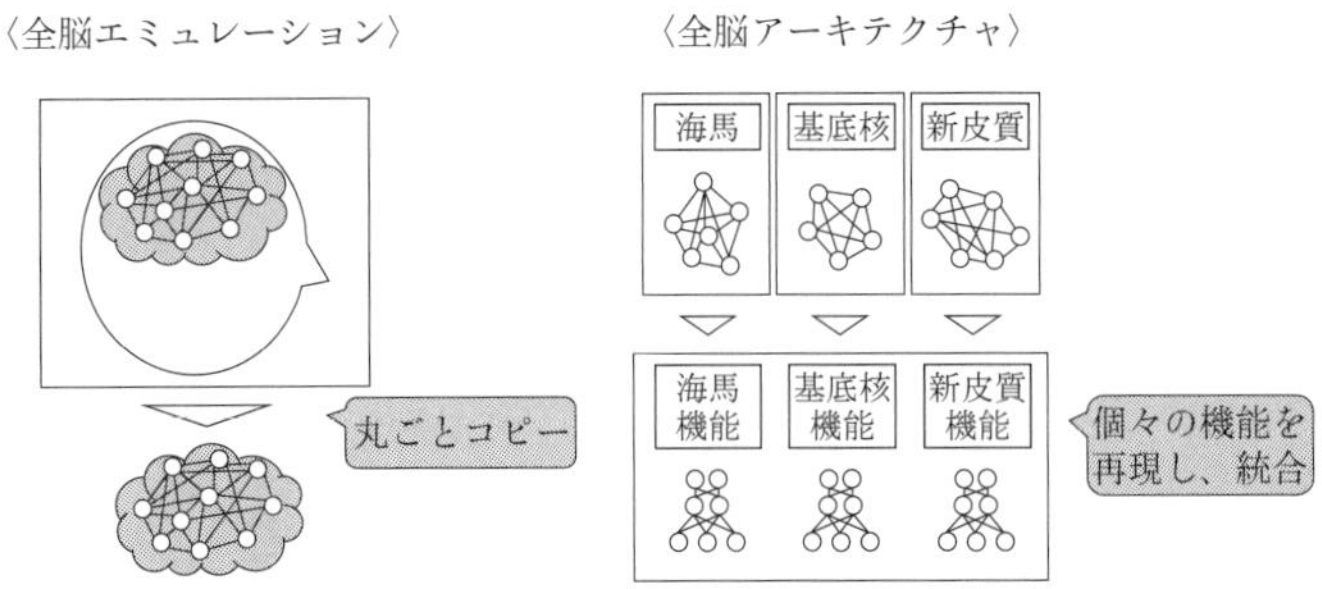

開発が進み、様々な情報処理の結果を物理的な動きに展開できるロボットが登場して、知的判断だけでなく実際の動作の面でも人間と同等かそれ以上の能力を持ち得る可能性も十分にあると考えられる。

ちなみに汎用型ＡＩに関しては、人間の脳のニューロンとシナプスの構成をそっくり模倣することによって、人間の脳全体の機能を再現しようとする「全脳エミュレーション」型と、脳の各パートにおける情報処理機能を人工的に構築し、それらを組み合わせて脳全体の機能を担わせようとする「全脳アーキテクチャ」型の２つのアプローチが存在する。前者の「全脳エミュレーション」型は脳の構造／メカニズムの詳細がまだ明らかになっていないこともあって実現の見通しは不透明だが、後者の「全脳アーキテクチャ」型での汎用型ＡＩの実現は射程圏内であると言われている。

例えば、わが国でもコンピュータやプログラミングの分野だけでなく、脳科学、神経科学、認知科学、心理学といった数多くの関連分野の研究者、エンジニアが集まって「全脳アーキテクチャ・イニシアティブ」というＮＰＯ法人が作られ、汎用ＡＩの開発に関する活動を行っているが、この「全脳アーキテクチャ・イニシアティブ」も２０３０年を目処に一定の成果を出すと発表している。こうした状況から判断しても、少なくとも知的タスクを対象とした汎用型ＡＩと呼べるものは今後20年から30年の間に実現するという見方は十分に成立すると見て良いだろう。

では、ほとんど全ての知的タスクをＡＩが担えるようになると、世の中はどれくらい豊かになるのだろうか。まず技術開発と生活の豊かさの関係から検討してみよう。

① 技術開発が生活を豊かにするための2つの条件

言うまでもなく、人類は技術の進歩とともに豊かな社会を実現してきた。古くは、釣り針や弓矢の発明によって獲れる獲物が飛躍的に増えたし、農耕を発明することで定住して暮らすことができるようになった。その後も灌がい技術や土木技術の発達で農地が拡大されて食糧の生産は大きく増大した。そして天文科学や測量術、航海術で人間の活動範囲は大きく拡がり、新大陸の発見に繋がった。このような様々な技術開発は、食糧生産をはじめとして社会全体としての生産性の向上に貢献してきた。

しかし人口の増加速度が食糧生産のそれを上回っていたため、技術開発によって増加した社会の富は全て人口増に吸収され、結果として国民一人当たりの豊かさは向上しなかったという歴史的事実がある。

つまり、社会全体として生み出される富の量は継続的に増大していたものの、社会の大多数を占める庶民の生活は、18世紀初頭までは人間が何とか生きていけるだけの「最低生活費水準」に固定化されたままであったのだ。実際に18世紀初頭のヨーロッパ人の生活は、ギリシア・ローマ時代や新石器時代と比べてほぼ同程度であったことが考古学によって実証されている。

技術開発による生産性の向上があっても、その向上分は全て人口増に吸収されてしまい、結果として生活水準は最低水準から脱することができないという技術開発と生活水準のジレンマは「マルサスの罠」と呼ばれているが、これを初めて突破したのが18世紀中盤に始まった産業革命である。18世紀の第一次産業革命の蒸気機関の発明や、19世紀の第二次産業革命の内燃機関（エンジン）や電力の発明によって、初めて生産性の向上が人口の増加スピードを大きく上回った。具体的には、蒸気機関は当時のイギリスの主力産業であった紡績業における機織り機械の動力源として活用され、作業員一人当たりの生産性は１００倍以上に高まった。また蒸気機関車が開発されて、農産物、木材、綿花、衣類といった物資の輸送力も飛躍的に高まった。内燃機関や電力も同様で、様々な機械や乗り物に活用され、生活の利便を大幅に向上させて人々のライフスタイルの自由度を大きく広げた。こうして「最低生活費水準」を補って余りある富が生産されることとなり、この2回の産業革命を経て人々の生活は初めて豊かになっていったのである。

実はこの第一次・第二次産業革命における蒸気機関と内燃機関・電力の発明は、それまでの技術開発と比べて大きな違いがある。その違いとは、それまでの技術は人間が何かを行うための道具や手法の発明・開発に類するものであったのに対し、蒸気機関や内燃機関や電力は、人間が担っていた物理的パワーを代替する性質のものであったという点にある。これは、旧来の発明が人間の作業を部分的に効率化させる「特化型」の技術であったのに対して、蒸気機関や内燃機関、電力といった発明は様々な応用が利く「汎用型」の技術であったとも言うことができる。

つまり、第一次・第二次産業革命を起こした発明は、

① 人間が担っていた物理的パワーを代替する技術であった
② 様々な応用に展開することができる汎用的インフラ技術であった

という2点が有史以来発明されてきた他の様々な技術と大きく異なるポイントであり、そしてこの2点が満たされたからこそ、「マルサスの罠」を超えて人々に豊かな生活をもたらすことができたのである。なお、第一次・第二次産業革命以降の約200年間で、一人当た

第一次・第二次産業革命がもたらした豊かさ

	産業革命以前	産業革命以降 200 年で	
平均寿命	約 35 年〜約 40 年	約 70 年〜約 80 年	▷ 約 2 倍
世界人口	7.7 億人	75 億人	▷ 約 10 倍
人々の生活	最低生活費水準	自由度の拡大	▷ 約 10 倍〜約 20 倍

（グレゴリー・クラーク『10 万年の世界経済史』を基に筆者作成）

りＧＤＰの実質値は約10倍〜約20倍に増大したと試算されている。

　ここで、第一次・第二次産業革命によってもたらされた豊かさについて少し触れておこう。

　先ほど第一次・第二次産業革命以降、人々の生活水準を決定する一人当たりの実質的なＧＤＰが約10倍〜約20倍に増大したと紹介したが、世界人口も飛躍的に伸びた。西暦１年に３億人であった世界人口は、産業革命前までの１８００年間で7.7億人へと約2.5倍に増えていたが、産業革命以降の約２００年間ではさらに約10倍の75億人まで増大した。また、人類の平均寿命も大きく伸びた。18世紀頃までの人間の寿命はずっと35年〜40年くらいであったが、今では約２倍の70年〜80年になっている。

　産業革命の前と後で一人当たりの実質ＧＤＰが約10倍〜約20倍に増大し、さらに人口も約10倍に増えたことを踏まえれば、産業革命以降の約２００年の間に人類は100倍〜200倍もの富を産出するようになったことが分かる。

更に第一次・第二次産業革命がもたらした社会に対するインパクトは、こうした定量的・経済的側面だけではない。質的な側面、即ち生活の内容やライフスタイルの変化も大きい。

かつてはほとんどの人々が「最低生活費水準」の所得を得るために、日の出とともに起きて、日中は目一杯働き、夜は疲れて眠るという「何とか生き延びる」日々を送っていたのに対し、現代では多くの人が、楽しむために食事やスポーツをし、行きたいところを訪れる旅行をし、かつては王侯貴族だけの特権であった音楽や芸術を楽しむことができる。

つまり「豊かさ」とは、単に取得・消費する財貨の量ではなく、生存するための行為から独立した、楽しむためという動機で活動するための「自由度の大きさ」のことと考えて良いであろう。第一次・第二次産業革命を経て一人当たりの実質所得が10倍になったことで、最低生活費分を差し引いた残りの9倍分が「豊かさ」＝自由度の拡大に変換されたと考えることができよう。

② AIがもたらす豊かさのスケール

前置きがやや長くなってしまったが、これから起こるであろうＡＩの発達は、ここで示した第一次・第二次産業革命と同様かそれ以上の豊かさをもたらしてくれると予想できる。

なぜならＡＩという技術／イノベーションは、先に挙げた人々の生活を実質的に豊かにするための２つの条件を満たしているためである。

まず１つ目として、蒸気機関や内燃機関・電力が人間の物理的パワーを代替したように、ＡＩは現在人間が担っている知的パワーをほとんど全て代替してくれる。すでにアメリカにおいて税理士や会計士の仕事がＡＩに代替されつつあるし、ゴールドマン・サックスの運用担当者６００人が２人に縮小された事実を見ても、近未来にＡＩが多くの知的業務を代替するようになるのは間違いないであろう。

そして２つ目の「様々な分野で応用される汎用的インフラ型の技術である」という条件は、汎用型ＡＩの登場を待つまでもなく、ディープラーニングを用いた特化型ＡＩで十分に満たしていると言える。これは、製鉄も運搬も洗濯も１台で担える機械が存在しなくとも、実際には溶鉱炉とトラックと洗濯機というそれぞれの〝特化型〟の機械で十分なのと同様である。第Ｉ章においてディープラーニングはカンブリア紀に生物が「眼」を獲得したのに等しい発達であるというアナロジーを示したが、このディープラーニングの発達によってＡＩはインフラ的技術としての要件を得て、カンブリア紀の生物の種の大爆発と同様に、応用用途の飛躍的拡大が現実化したわけである。

現在、重いものを運ぶのも、掃除機や洗濯機で家事をするのも、鉄鉱石を製鉄したり、トンネルを掘ったりするのも、全て第一次・第二次産業革命の成果を応用して作られた機械で行っているが、これと同じく情報の処理や判断に関する仕事はＡＩが行ってくれることになる。

それでは、その時の経済効果や生産性の向上はどれくらいになるのだろうか。

第一次・第二次産業革命による一人当たりの実質ＧＤＰの増大は約10倍〜約20倍程度であったことを示したが、ＡＩによる生産性向上や経済効果はやや算定が難しい。

第一次・第二次産業革命の成果は、製品を作るための設備機械の製造や、建物・橋梁といった構造物の構築、移動のための乗り物や家電製品といったモノの生産能力を飛躍的に向上させる形で表れたために、生産効率とか産出量といった定量的指標での測定が可能であった。

それに対してＡＩが貢献し得る分野では、そのような単純な定量的計算が難しいのである。

経理計算の作業をＡＩに行わせるとか、人間に劣らない翻訳をＡＩが行うといった具体的な作業であれば、タスク処理の生産性の測定は可能である。例えば、先にゴールドマン・サックス証券のトレーダー600人がＡＩを導入することによって2人で済むようになったという例を紹介したが、この場合では300倍の生産性向上が実現したことになる。

しかしそうした作業労働型のタスクの代替は、ＡＩが担うであろう仕事のごく一部に過ぎないと考えられる。ＡＩが担ってくれるであろう知的タスクは、そうした定量化が可能な作業労働にとどまらない。アルファ碁が見せつけたように、人間以上の頭の良さは、敗れた囲碁の世界チャンピオンであるイ・セドル氏の何倍の生産性に匹敵するのかは定量的には算定・計測できないのである。

では、ＡＩがもたらしてくれる価値や豊かさはどのように推量すればよいのか。

かつてケインズは、将来技術が発達していくことによって1日3時間労働で済むようになるという託宣を出したが、ＡＩの導入によって同様の生産性改善が実現するとしても、現在6時間～9時間の労働時間が2分の1から3分の1になるだけである。これでは生産性の向上はたった2倍～3倍ということになる。

しかし、ほとんどの知的労働を代替する可能性を持ったＡＩによって得られる豊かさが、たったそれだけの範囲に収まらないことは明らかであろう。

ＧＤＰをはじめとするこれまでの経済指標は、物質的な財や利便が社会に満たされていない段階においては、豊かさを測るのに有効であった。このような場合、生産される財貨の量とそれによって享受できる人々の豊かさは相関しているとみなすことができるので、生産された財貨の量を測るためのＧＤＰという指標によって豊かさを計測できたのである。経済学者クズネッツによってＧＤＰという指標が開発され、産出・消費された経済価値を表す指標として使われるようになったのは、工業生産力が急激に伸びていた20世紀の中盤である。

しかし物質的な豊かさがある程度満たされ、社会的経済水準が「最低生活費水準」を大幅に超えた時点においては、取得できる財貨の量によってではなく、やりたいことをやれる自由度の大きさが豊かさを表すようになる。

第一次・第二次産業革命によって生産力が飛躍的に増大し、その生産性上昇のスピードが人口増加のスピードを上回ったことによって、人々の生活水準が有史以来初めて最低生活費水準を超えて豊かな日常を楽しめるようになったが、このことが第一次・第二次産業革命がもたらした文明論的な成果である。

ＡＩの発達がシンギュラリティに達すると、ある意味これと同様の文明論的な変革が起きることになる。これまで新しい技術が登場することによって旧来の仕事が奪われても、新しい技術を活用するための新しい仕事が生まれて失業者を吸収して、仕事は皆に行き渡る状態が続いて来たが、シンギュラリティ以降はそうした新しい仕事も人間の能力を遥かに凌駕したＡＩが全て奪ってしまうことになる。新しい技術の登場によって生み出された失業者が新しい仕事に移るまでの失業を「摩擦的失業」と言うが、ＡＩは摩擦的失業の解消が追いつかないほどのパワーを持っており、究極的には全ての生産活動がＡＩだけで賄われるようになり得るという点が、ＡＩがもたらすインパクトなのである。

このようにＡＩが、人間が労働しなくても人間が必需とするモノを全て生産してくれるようになるからこそ、人間は次なる豊かさを求めることができるようになるのだ。

そして、これから先の豊かさはＧＤＰに代表される従来の経済的指標で表せるものではない。

ＧＤＰ、ＧＮＰ、ＧＮＩといった経済指標が生活の質（ＱＯＬ）を考慮した場合の実質的な豊かさと乖離しているという指摘は、かねてよりなされていた。社会と個人の豊かさを表すための指標としては、スティグリッツが提唱した幸福度指標、ブータンが国家指標としているGNH、経済指標に非経済指標を加えたGNW等々、これまでにも幾つも提唱されている。

ＡＩが人々の生活にもたらしてくれる豊かさ＝自由度を測るためには、このような人々の生活の自由度や心情的満足度を測る指標を用いるべきであろう。そして第一次・第二次産業革命によって人々の生活は実質的に10倍〜20倍豊かになったが、ＡＩによって生きるための労働や利便のための生産活動から人間が解放されることで我々が享受することができる豊かさ、すなわち自由度の大きさは、第一次・第二次産業革命のインパクトを優に超えると考えて差し支えないであろう。

(2) AIがBIと結びつく必然性

ここまで解説してきたように、ＡＩが発達していくことによって、経済活動のうち特に生産活動において現在人間が担っている知的作業、知的労働はどんどんＡＩに代替されていくことになると予想される。現時点でも、チェスや囲碁だけでなく、税理士業務やパラリーガル業務、人材の履歴書の評価・分類や医療の画像診断といった高度な情報処理を要する業務においてもＡＩが次々に活用されるようになってきている。今後ＡＩの技術が更に向上し、ハードウェアの性能も上がっていくと、知的労働において人間がたちうちできる分野はほとんど無くなってしまうだろう。

こうなった時、社会を根底から崩壊させてしまいかねない２つの重大な構造的問題が起きる恐れがある。

１つは資本家による社会の完全支配状態。もう１つは消費の減退による経済の崩壊である。

① ２つのディストピア

そもそも経済活動とは、天然資源を様々に組み合わせて加工し、人々が必要とする食糧や製品を作り出す活動である。この活動において土地を所有したり、財を生産するための原料を仕入れたり、工場を建てたり設備機械を購入したりするのが資本家の役割で、工場で働いたり、設備や機械を設計したり動かしたりするのが労働者の役割になっている。

第一次・第二次産業革命によって労働者の仕事のうちの物理的パワーの部分はほとんどが機械に置き換えられて、今は状況判断を伴う身体作業や機械の操作、及び企画や開発といった、知的労働要素を含んだ仕事を人間が担う形で生産活動に関与しているわけである。つまり、現在の労働者のほとんどは、情報加工のレベルの高低の差はあれど、知的作業、知的業務の仕事をしているのである。

こうした現状に対してＡＩが導入されると、クリエイティブ系、マネジメント系、ホスピタリティー系の仕事以外は全てＡＩが担うことになる。現時点でこうした純粋に人間ならではの仕事を担っている人の割合は１割〜２割程度と言われている。残りの８割〜９割の人は何らかの知的作業、知的判断の要素が含まれていても、税理士の仕事や投資銀行のトレーダーの仕事がＡＩに取って代わられたように、早晩ＡＩに代替されていくことになる。そうなると、ほとんどの人は生産活動に関与する必然性を失ってしまうのだ。

しかも、人間に残されるはずの介護福祉士のような感情労働においてすら、ＡＩ＋ロボットによって代替されてしまう日も来るかもしれない。人間でなければ実現できない共感や癒やしは与えられなくても、物理的なお世話の部分は、ＡＩ＋ロボットでも提供でき得るのである。

こうした事態が意味するのは、これまでは資本と労働によって成り立っていた経済活動から、労働者の役割が消失してしまうということである。即ち資本／資本家だけで生産活動が完結してしまうということであり、これまでは資本家と労働者の利害の均衡の下に成り立っていた役割分担や産出した価値の成果分配のバランスが崩壊して、資本家の利害と意図のみで経済活動がコントロールされるようになってしまう。

資本主義経済の最も重要なメカニズムは、需要と供給の〝均衡〟を達成する市場機能である。つまり、ある財に対する需要と供給のそれぞれの大きさ／パワーが均衡するポイントでその財の生産量と価格が決まり、需要側にとっても供給側にとっても現実的なオプティマムが実現するのである。

この需要と供給を均衡させるメカニズムは、生産される財だけに適用されるわけではない。生産活動に関与する労働と資本のバランスにおいても全く同様のメカニズムが働く。働き手が少なければ賃金が上がり、職を求める失業者が多ければ賃金は下がる。特殊な技術を持った数少ない技術者であれば高額の給料がもらえ、誰でもできるような仕事の給料は低くなる。資本の方も同様に、金余り状態で資金の出し手が多ければ資金の価格である金利は低下し、逆に資金が不足している状態だと金利は上昇する。こうした需給の均衡バランスが経済活動の合理性や健全性を保っているのである。

こうしたメカニズムで回っている経済活動において、供給側の二大要素である資本と労働のうち労働の方の存在価値が大幅に低下してしまうと、経済活動の合理性や健全性を司っている資本と労働の均衡が崩壊し、資本主義経済のメカニズムが損なわれてしまう。資本家だけが思い通りにものを作り、思い通りに値づけをし、思い通りに賃金を決めるという経済の独占的支配者になってしまうことが考えられるのである。

そうなった時、利潤の極大化を最大の動機とする資本／資本家が労働者に対して支払う賃金は、第一次・第二次産業革命が起きるまでずっと維持されていた「最低生活費水準」にま

資本家による独占状態

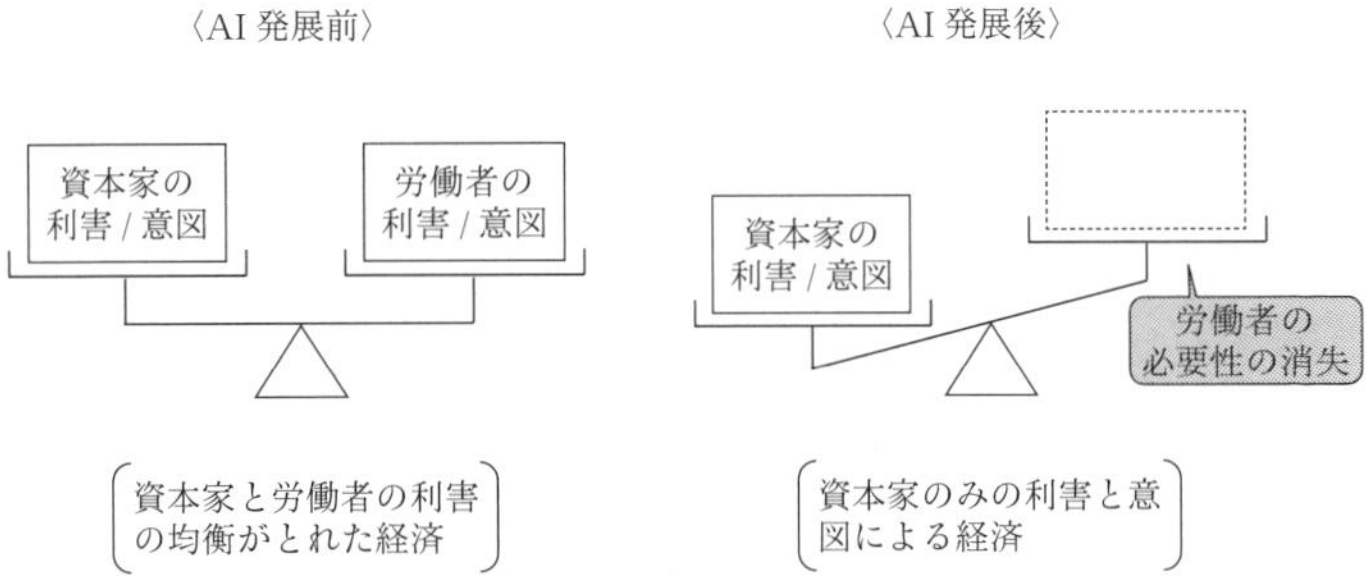

で押し下げられてしまうであろう。

そうなってしまうと、生活のための財は全てＡＩが作り出してくれるので人間は働かなくても豊かに暮らせるというユートピア実現のストーリーは夢物語になってしまう。ユートピアどころか、ほとんどの人々は産業革命前と同じ、生きていくのがやっとという最低生活費水準の暮らしを強いられるディストピアになってしまうであろう。

これが、ＡＩが高度に発達してほとんどの仕事を肩代わりしてくれるようになった時に起きるかもしれない、資本家の富の独占によるディストピアのリスクである。

そしてもう1つのリスクもこの第一のリスクの延長線上にあるものである。

ＡＩの発達によって人間が生産活動に関与する余地が無くなり仕事を失うことは、仕事による所得を失うことに繋がる。ＡＩに仕事を奪われ、大多数の人が所

２つのディストピア

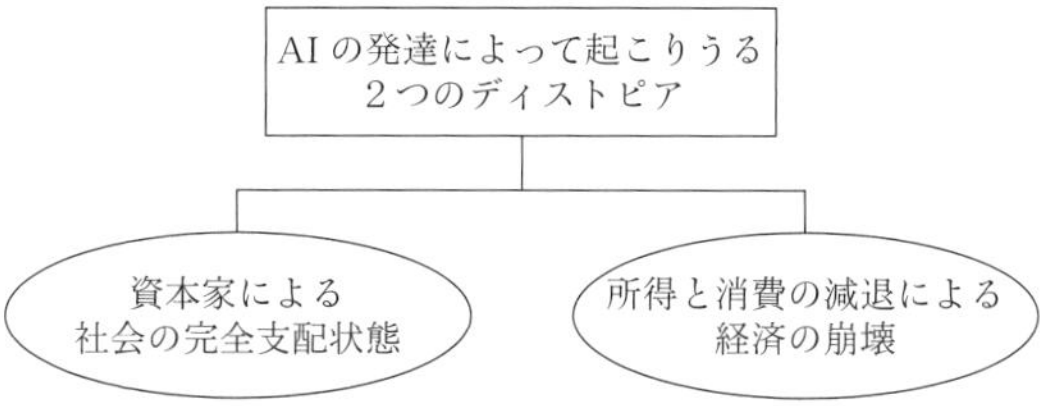

得を失うことになれば、当然ながらものを買ったり、医療や介護のサービスを受けたりするためのお金に困ることになる。つまり、経済活動における消費が減退・縮小してしまうことになる。いくらＡＩが効率よく何でも生産してくれるようになったとしても、作り出した財貨を購入・消費する人がいなくなってしまうのである。ＡＩの所有者である資本家だけは大変な富を独占しているであろうが、どんなに大食漢であっても牛１頭は食べられないように、どんなにおしゃれ好きな人でも１年に１０００着の洋服は着られないように、いくらお金があっても一握りの資本家だけでは消費量には自ずと限界がある。

力強く経済成長を推進し、経済を活性化させるのは中間層である。最低生活費水準の5倍～10倍程度の所得を得て、次々に新しい財やサービスを購入・消費してくれる中間層が存在してこそ経済は成長し、その経済成長があってこそ世の中の豊かさレベルは上がっていくのである。従って、ＡＩが生産活動のほとんどを賄い、多くの人々の所得が減少してしまう事態になると、消費が縮小して経済全体が衰退し、経済の独占的支配者である資本家の方も得るものが限りなく小さくなっていくことになる。かつての専制国家において、皇帝や国王が富を過分に独占した結果、農民、庶民が疲弊して国力が衰退し、結局は社会が不安定化し内乱が起きて国家が自滅したり、国力の弱体化につけ込まれて他国に攻め滅ぼされたりした歴史と同様の展開になってしまうであろう。

これが、ＡＩ導入によって生じるかもしれないもう１つのリスク、所得と消費の減退による経済の崩壊である。

② 再分配というキーワードで結びつくAIとBI

ＡＩが生産活動に活用されることによって人々がほとんど働かなくても豊かな生活を送れるようになる可能性がある一方で、ＡＩの発達・浸透はこうしたディストピアを招いてしまうリスクもあるのだ。そして人類がこうした愚かしい状態にならないようにするための手段が「再分配」なのである。

人間は、経済活動において生産と消費の二つの役割を担っている。ところが、第一次・第二次産業革命において蒸気機関や内燃機関・電力が発明・導入され、生産における物理的パワーが機械によって代替された。そして、第三次・第四次産業革命でＩＴやＡＩによって知的作業までもが機械に代替されるようになると、生産活動の大半が人間の手を離れることになる。

生産活動に関われない人間は消費の原資を持てないが、人々はものが要らなくなるわけではない。人間は働かなくてもご飯は食べるし、洋服も着る。洗濯機もエアコンも欲しい。従って、ＡＩが効率よく生産してくれる財・サービスを人々に行き渡らせるためには、消費者となる一般の人々に購買力を提供する必要がある。つまり生産と供給を担うＡＩの所有者／資本家の側から消費者に対して再分配を行う必要性が生じるのである。

今後ＡＩがますます発達し、技術的生産性が現在よりもはるかに向上したとしても、それだけで世の中が豊かになるわけではない。ＡＩが生み出す財やサービスを人々が消費することができてこそ、世の中が豊かになるのだ。従って、ＡＩがほとんどの生産活動を代替するようになった社会では、その生産物を消費することが人間の経済的役割となる。そのためには再分配が不可欠であり、再分配が実現されてこそ経済の羽根車が勢い良く回って経済成長が実現するのだ。

そして、第Ⅱ章の説明において、ＢＩは現在の社会保障の非効率と不公正を修正するために最も合理的な施策であると提示してきたが、再分配というキーワードを介してここでＡＩと結びつくことになるのである。

第Ⅱ章で提示したＢＩは、現在の貧困と格差問題を最も有効に解決するための社会保障施策として紹介したために、全国民に対して無条件で一律に給付する〝生きていくために必要な水準〟の現金という設定であった。しかしＡＩが高度に発達し、ほとんどの労働をＡＩが担うようになった場合には、もう少し金額を増額した方が経済の活性化には有効であろう。

ＡＩ化時代になれば、人間が生きていくために必需的に求められる財・サービスの生産は現在と比べて圧倒的に効率化される。従って人々が最低限の生活を賄うために必要な実質的なコストは、今と比べて圧倒的に小さくなるはずである。この時、経済成長を牽引するのは供給側の効率アップではなく、需要側の活性化、即ち需要を増大させることや新しい需要の開発になる。そうした経済の需給構造の変化を踏まえると、人々が積極的に消費を行ったり、新しいニーズを創造したりするための購買力を大きくすることが、経済成長にとって最も重要なファクターになると考えられる。

こうした条件を踏まえると、新しい時代のＢＩは生きていくために必要な金額というよりは、様々な楽しみや自由な活動を支えることができるだけの金額として設計した方が経済全体の活性化に有効であり、支給される消費者にとってだけでなく、財・サービスを供給する側の資本家にとっても得るものは大きくなる。

20世紀初頭、アメリカの自動車会社フォードは徹底的な生産性向上のためにベルトコンベア方式をとった一方で、１日５ドルという当時では破格の報酬（他の企業の約２倍）を従業員に支払っていたが、これには優秀な人材を集めるためというだけでなく、大量生産した製品を大量消費させるための購買力／需要を作り出すという狙いも込められていた。生産された財貨は、需要があってこそ意味を持ち、そして生産と消費の両面が揃ってこそ、生産者も消費者も豊かになっていくのである。

つまりAIが大量生産を担ってくれる状況においては、消費者となる多くの人々の需要を喚起するために、BIによる再分配の規模と給付水準をどれくらいに設定するのかという事項が、国家にとって最も重要な経済政策になってくるであろう。

いずれにせよ、AIが世の中を豊かにするために不可欠なのが「再分配」であり、今後も市場主義経済のメカニズムを保ち、経済を活性化させていくための再分配の切り札としてはBIが最も有効であるという意味において、AIとBIは不可分に結びつくことになるのだ。

人類はかつての産業革命以上の大きなパラダイムシフトを迎えようとしているが、AIとBIが人類を〝新しいステージ〟に導いてくれる両翼となるのである。

⑶ これからの民主主義と資本主義を支えるBI

AIが経済における生産活動の効率性を高め社会に多くの富を産出するようになっても、人々に自由と豊かな生活をもたらすためにはBIが不可欠であると説明した。つまり、「働かなくても、食って良し」というBIの基本理念に基づいた再分配策が採用されてこそ、A

Iという歴史的技術革新の成果を社会の果実とすることができるのである。

しかしよく考えてみれば、「働かなくても、食って良し」という考え方は、権利と責任をセットで考える民主主義の理念には合っていない感じがする。むしろ民主主義の最も基本的な規範の一つが「働かざる者、食うべからず」であり、日本の憲法においても「勤労の義務」が掲げられているほどである。こうした考え方と対比してみれば、「働かなくても、食って良し」は真逆の考え方だと言えよう。また貢献と報酬のバーターを図る市場機能を最重視する資本主義のメカニズムにも合わない。「働かなくても、食って良し」は貢献と報酬のバーターを文字通り真っ向から否定するものである。

にもかかわらず、AI化時代は「働かなくても、食って良し」の理念に基づいたBIに支えられてこそ、人々の豊かな生活が実現する。先ほどは生産と消費、資本と労働という経済の観点からBIの必要性を説明したが、次に規範や価値観の観点からBIの合理性・必然性を説明してみよう。まず「働かなくても、食って良し」に対置する規範である「働かざる者、食うべからず」について、この規範の有効性と成立要件を検討し、その検討を踏まえてBIの基本理念である「働かなくても、食って良し」がAI化時代に適合していることを検証する。

①「働かざる者、食うべからず」の進化論的合理性

現代社会の基本骨格を成す民主主義と資本主義は、権利と責任を対称的に捉え、貢献と報酬のバーターをルールとしているという点で「働かざる者、食うべからず」という規範と相性が良い。「働かざる者、食うべからず」の規範に支えられて経済は発展を遂げてきたし、この規範をベンチマークとして社会の善悪の判断基準が定められてきたと言っても過言ではないであろう。

そしてまた、この「働かざる者、食うべからず」は旧約聖書にもその教えが記されていることでも有名な、古くから存在する規範である。しかもキリスト教文化圏だけでなく、イスラム圏にもアジアにも、世界中の文明圏に根づいている普遍的なものでもある。つまり栄えた文明が必ず備えている規範であり、言い換えるなら、文明が栄えて発展するために不可欠な規範であったとみなすことができる。

この事実は、考えてみれば当然のことであると言えよう。

第一次・第二次産業革命までの人類の生活は最低生活費水準であったと紹介したが、それはつまり、それまでのコミュニティー／社会の生産物（主に食糧）はその集団に属する人々が何とかギリギリで生きていけるだけの水準でしかなかったということである。即ち生産に貢献しない者を養う余力が無かったということを意味する。そうしたギリギリの生産力と集団の人数バランスで営まれているコミュニティーにおいて働かない者にまで食糧を分配してしまうと、そのコミュニティーの全体が飢えてしまうことになる。従って、働かない者には食わせないという規範は、その集団を維持するためには当然の掟とも言うべき、集団が生き延びるための規範であったのだ。

このように「働かざる者、食うべからず」は、「殺す勿《な》れ」「盗む勿れ」「偽る勿れ」と並んで、単なる文化的美徳の域を超えた、人類にとって進化論的合理性を持つ、現実的に極めて重要な社会規範なのだ。

しかしここまでの説明からも推察できるように、集団に圧倒的な生産力があれば、働かない者にも食わせても、その集団が飢えたり社会が衰退したりしてしまうことは無いわけであり、この規範の必然性は根拠を失うことになる。つまり圧倒的な生産力がある社会であれば、「働かなくても、食って良し」にしたとしても、その社会にとっての致命的な不都合は無いと言えるのである。

・「寡婦と孤児は庇護すべし」

実は、「働かざる者、食うべからず」の教えが記されている旧約聖書には「寡婦と孤児は庇護すべし」という教えも記されている。しかもこちらの教えの方が「働かざる者、食うべからず」よりも登場する回数は多い。働かない者には与えないという規範は比較的自然に理解され守られるのに対して、最低生活費水準で何とかギリギリで営まれている集団においては弱肉強食のメカニズムが働きがちになるので、自力では生きていくことができない弱者である寡婦と孤児を庇護すべしという規範は繰り返し説く必要があったのであろう。そして「寡婦と孤児は庇護すべし」という規範も、他の全ての文化圏に共通して存在するのである。つまり寡婦と孤児（という弱者）を庇護するという規範も、コミュニティー／社会を維持・発展させるために有効な進化論的合理性を有していると考えることができるのである。

このように、「働かざる者、食うべからず」と「寡婦と孤児は庇護すべし」という２つの普遍性の高い規範によって、人類はコミュニティー／社会を営み、発展させてきたのだ。言い換えれば、この２つの規範を守ったコミュニティー／社会が、飢餓や伝染病、戦争や政治の腐敗といった数々のリスクを乗り越えて発展してくることができたと理解することができるのである。

このように考えると、ＡＩが発達して現在よりも何十倍も生産性が向上すれば、当然ながら寡婦や孤児という弱者だけでなく働かない者まで含めた社会の構成員全員に食えるだけの施しを与えたとしても、生産力の観点からは十分に賄えるだけの余裕が生じる。「働かざる者、食うべからず」の規範は、社会の生産力が大幅に向上した場合には進化論的必然性は消失すると述べたが、ＡＩ化時代にはまさにそうなるのである。

② 豊かになっても「働かざる者、食うべからず」が維持されてきた理由

ここで疑問に感じる向きがあるかもしれない。

これからのＡＩ化時代を待たずとも、18世紀の産業革命以降、社会の生産力は「マルサスの罠」を脱して人々の生活水準は大幅に向上してきた。それにもかかわらず、今なお「働かざる者、食うべからず」という規範は合理性と納得性を以て維持されているではないか、という疑問である。また、貢献と報酬のバーターの原則を無視して結果平等の理念で国家を運営しようとした共産主義国、社会主義国はことごとく失敗したではないか、という疑問を持たれる方もいるだろう。

これら2つの疑問は、これからＡＩとＢＩが両翼となって人類を〝新しいステージ〟に導いていく上で重要な論点になるので、丁寧に説明しておこう。

まず、大幅な経済的余裕（生産余剰）を得られるようになった第一次・第二次産業革命後も、なぜ「働かざる者、食うべからず」の規範が維持されたのかについて説明しよう。

働いた量やその成果に応じて収入が得られるといった規範が認められたのは、実はそれほど古いことではない。働きたいだけ働いても良いし、その成果は頑張って働いた者の手に帰すべきであるという〝勤労の承認と奨励〟が社会規範として認められたのは、16世紀の宗教改革によってである。

カトリック教会によるそれまでの教えでは、蓄財はもちろん、勤労や創意工夫すらも奨励しておらず、禁欲と倹約を是として穏やかに従順に暮らし、もし幾ばくかの余剰があれば教会に献上するのが神の思し召しであるというものであった。従って多く働いたからといって個人的に多くのものを得ることは強欲な行為であり、教会の教義に反するとされていたのだ。当然ながら、こうした価値観・規範の下では勤労も工夫も資本蓄積も起こらないため、経済は発展しない。

これに対してカルヴァン派は「職業は神によって与えられたものであり、その職を全うすることによって救われる」と説き、宗教改革を経た17世紀以降は、「勤労と蓄財は神の思し召しに適う」という価値観が社会に浸透した。つまり産業革命前夜である18世紀中盤は、経済活動への積極的な関与を良しとする考え方が勢いを持って社会に広がっていった時代なのである。

その後18世紀後半に起こった産業革命では、そうした価値観の流れに資本の論理が上乗せされ、「働かざる者、食うべからず」の規範はむしろ強まった。なぜなら、産業革命によって有力な存在として社会に登場してきた産業資本家の利害としては、可能な限り労働者を働かせることが望ましかったためである。

そのため産業革命が始まってからしばらくの間（約50年間）は、女性から老人、子供に至るまで、1日15時間労働、休日は2週間に1日だけといった過酷な労働が横行するほどであった。当然ながらこうした風潮の下では、社会全体の富が増えても「働かなくても、食って良し」とはならない。その後の19世紀以降も、帝国主義による国力増強という国家権力からの要請と資本家からの収益極大化欲求によって、労働者の勤労が求められ続けたので、「働かなくても、食って良し」を実現し得るだけのGDP水準に達した後も「働かざる者、食うべからず」の規範は続いてきたのである。

もちろん過酷すぎる労働は労働者を疲弊させ、中長期的には生産性を低下させてしまうことになる。19世紀前半には過酷な労働条件を抑制する規制が設けられたり、社会的弱者に対する社会保障制度が導入されたりするようになったが、その動機は民主主義的平等の達成を図ろうとするものではなく、労働力の合理的な再生産と社会擾乱《じょうらん》の抑制のためという功利的なものであった。20世紀になってからも、民主主義の基本理念の一つである「自由と自己責任」の原則、及び資本主義の基本ルールである貢献に応じた分配（貢献と報酬のバーター）に合致した「働かざる者、食うべからず」という規範は、私有財産権の尊重に裏打ちされて人々にも納得感を以て受け入れられ、正当な社会規範として続いてきたのだ。「働かざる者、食うべからず」という勤労を奨励する規範があったからこそ、20世紀まで200年にわたる高度経済成長が実現したとも考えられるのである。

・「働かなくても、食って良し」で共産主義は破綻したのか

次いで、もう1つの疑問である「働かなくても、食って良し」という規範に合致しているように感じられる、分配における結果平等主義的な理念に基づいて建国された共産主義や社会主義の国々が、なぜことごとく失敗したのかについて説明しよう。

共産主義国家、社会主義国家は、富裕層である資本家や貴族と貧困に苦しむ農民や労働者との格差問題が要因となって、革命を経て誕生したため、建国の理念として人民の平等を掲げていた。ただしこの平等は、自由民主主義国家の「機会の平等」ではなく、「結果の平等」であった。結果の平等を掲げたということは「働かなくても、食って良し」に近い理念が込められているようであるが、それらの共産主義国、社会主義国が失敗したのはこの理念のためではない。

崩壊の要因には、官僚機構の腐敗、資本主義国家以上の階級社会化、自由抑圧に対する不満等々複数あるが、最大の原因は市場主義を採用しなかったことによる経済活力の低下である。市場メカニズムを通して需要と供給が均衡し、賃金と労働のオプティマム・ポイントが決まるという〝神の手〟の機能を欠いた計画経済では、経済資源を最も効率よく活用して最大の成果を生み出すことができない。また環境変化や新しいニーズを取り込んだ生産活動や経済構造の変化も実現しない。市場機能が欠如した経済運営を行うことによって生じるこうした非効率が原因となって経済が沈滞し、国力が停滞して、自由主義陣営との冷戦構造に耐えられず体制崩壊したのである。

ちなみに共産主義国として現在も続いている国家が2つ存在する。中国とキューバである。中国は1993年に政治体制的には共産党一党制を残したまま、市場主義と私有財産制を取り入れた「社会主義市場経済体制」に移行して、今も目覚ましい成長・発展を遂げている。キューバは食糧も教育も医療も無料であり（即ちBIの現物支給である）、また政治家も医者も郵便配達員も清掃係も原則的に同程度の給与という、文字通りの結果平等の分配を実行し、また政治家や官僚の腐敗も起こさなかったため、一人当たりGDPは低いものの国家体制は共産主義のまま継続しているし、国民の満足度も高い。

以上のように、共産主義国や社会主義国が崩壊した原因は市場機能が無いことによる非効率な経済体制にあり、「働かなくても、食って良し」の理念にあったわけではないことはご理解いただけたであろう。

③ 技術発明は社会形態と規範を刷新する

ここまで説明してきたように、産業革命以降約200年間にわたって「働かざる者、食うべからず」の規範と資本主義経済と民主主義が相まって経済成長を実現してきた。この産業革命のケースだけでなく、人類はこれまでにも、新しい技術の開発に伴って、それに合う新しい社会形態や新しい理念・規範を作り出してきた。

約1万年前に農耕を発明したことによって、人類は獲物を求めて移動しながら暮らす生活形態に終止符を打ち、定住生活を送るようになった。それまでの集団は家族、血族を中心とした20人からせいぜい50人くらいまでであったが、農耕を始めてからは100人～300人で村を形成するようになった。農耕を発明する前の狩猟時代には、狩りの指示こそ技術と経験に長けたリーダーが担うものの、獲物の分配や集団の中での身分は基本的に平等原則であった。それに対し、農耕社会では階層・階級が作られ、いわゆる〝政治〟の原型が発生した。そして分配も平等原則によってではなく、階級と権力によって格差のある分配が行われるようになった。

それ以降も様々な技術開発によって、生産力が増大し、社会ユニットのサイズが大きくなるのに対応して、統治の理念と社会形態は時代とともに変化してきた。産業革命によって農村コミュニティーが解体されて都市は大規模化し、民主主義が権利と正当性の根拠となり、資本主義が社会を資本家と労働者とに分けた。

大きな技術発明は社会形態や社会規範の刷新を引き起こすのである。

様々な技術開発を生産活動に取り込み、生活様式に反映させながら人類は歴史的進化を歩んできたのであるが、こうした歴史的進化によって社会を安定させ、経済を発展させるために最も合理的な統治と社会運営の方法論として辿り着いたのが民主主義と資本主義であり、これら2つの主義を成す理念と規範によって構築されているのが現代社会なのである。

そしてＡＩとＢＩによって我々人類はこれから歴史的に〝新しいステージ〟に立つことに

なるが、その時、「働かなくても、食って良し」という理念が〝新しいステージ〟の社会基盤を成す価値観／思想となる。

ＡＩとＢＩによって導かれる社会では、人間が働かなくても人々が生きていくために必要となる財貨はＡＩが全て生産してくれる可能性がある。そして、人間が働かなくても人々が生きていくことができる社会は人類史上初めてのことである。また「働かざる者、食うべからず」という規範／理念は、これまで洋の東西、時代の古今を問わず共有されてきたものであり、歴史的にこれまで一度も廃棄されることがなかった。その普遍的規範が初めて覆されることになるのである。

・〝新しいステージ〟の3つの歴史的成果

そしてこの理念によって支えられる、人類にとって〝新しいステージ〟の社会とはどのような特徴を持つのかについて整理してみよう。

人類にとって歴史的成果とも言えるほどの重要な特徴は3つある。

まず第一の特徴は、繰り返し指摘してきたことではあるが、ＡＩを活用することで実現する圧倒的な生産性向上によって、第一次・第二次産業革命以上のインパクトで経済的産出量が拡大することである。つまり、誰もが生きていくための必需には何ら不自由しないで済むだけの財貨が極めて効率的に生み出されるようになる。

第二の特徴は、これからＡＩとＢＩによってもたらされるであろう〝新しいステージ〟の社会は、民主主義が名実ともに完成された社会であるということである。20世紀中盤くらいまでに貧富、男女の別なく普通選挙の権利が与えられ、民主主義社会の必要条件とも言える政治的な平等は実現したが、格差と貧困問題によって現実的な機会の平等は達成されないままであった。これに対し、ＢＩを導入することによって国民全員に生活／就労における現実的な選択肢が与えられることになり、民主主義社会の十分条件とも言える経済的な機会の平等も整えられることになる。人類が18世紀、19世紀の市民革命以来ずっと追求してきた自由と平等を是とする民主主義社会が、ＢＩによって十全な形で完成することになるのである。

そして第三の特徴は、ＡＩとＢＩによって人間が生きるために働くことから解放されて、生きるための労働以外の活動を行うために生きる社会になるということである。この第三の特徴こそが、これから到来する社会が歴史的に〝新しいステージ〟であることの核心である。

これまでの人類の歴史では、一部の貴族や聖職者、地主や資本家の中には、食うための労働、生きるための仕事に携わらないで済んだ者も存在したが、そうした条件にある者はごくわずかであった。そして、農民、労働者等、社会を構成する大多数の庶民は生まれてから死ぬまで食うための労働、生きるための仕事に縛りつけられて人生を送った。21世紀に入った現代においても、余暇を楽しむ時間の余裕は得られたものの、やはり多くの人は食うため、

“新しいステージ”の３つの特徴

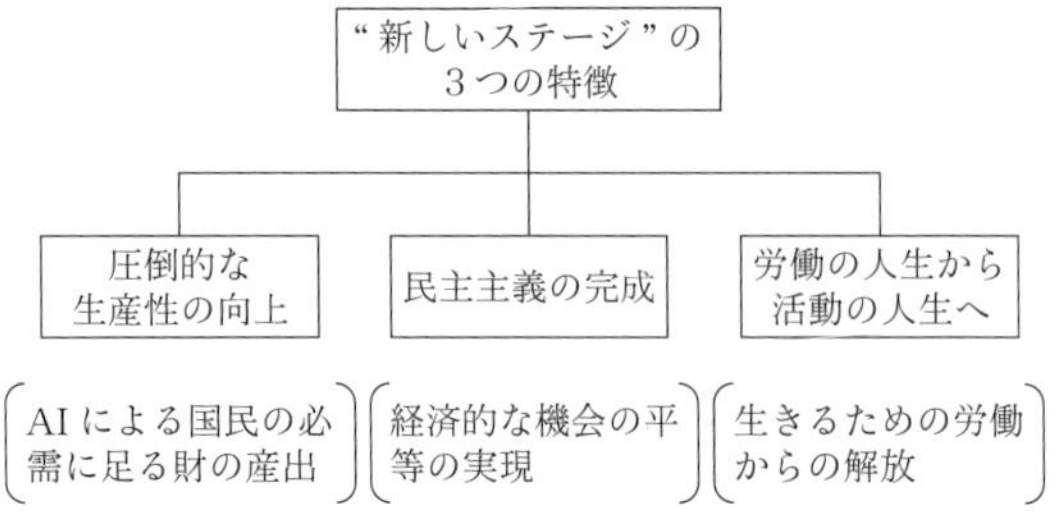

生きるための労働に携わっている。

こうした歴史に対し、これからＡＩが発達し広く活用されるようになると、人間が食うため、生きるための労働はほとんど全てＡＩが担うようになる。そういう状況においては、人間は生きるための労働ではなく純粋に豊かさを求める活動に従事することができるようになる。これは人類の生き方として、歴史的大転換であると言えよう。

以上、３つの特徴を持った新しいステージの社会が近未来に到来する。即ち、ＡＩがもたらしてくれる圧倒的に高い生産力によって人間が必要とする財貨が十分に産出され、ＢＩによって誰もがそれを享受することができ、一人一人の自由と平等が担保されている社会が30年~50年先には実現する可能性が、現実的に今あるのだ。

第2節　ＡＩ＋ＢＩの社会で人間はどう生きるのか

次に、この〝新しいステージ〟の社会において人々はどのように活動し、生きていくようになるのかについて、予測・予想も交えて提示してみたい。特に、先に挙げた第三の特徴に力点を置いて、働く必要のない社会においてどのように活動すれば豊かな生活を営むことができ、充実した人生を送ることができるのかを考えてみよう。

(1)　ＡＩとＢＩが労働と経済にもたらすインパクト

最初にＡＩとＢＩが労働や仕事に対してどのような影響をもたらすのかについて整理しておこう。

第Ⅰ章でも触れたが、ＡＩが発達し、生産活動に広く活用されるようになると、知的作業の大半はＡＩが担うようになる。人間ならではの仕事が残されるのは、職種的には、クリエイティブ系、マネジメント系、ホスピタリティー系の仕事である。また、仕事の価値の根拠の観点から言うと、人間ならではの他者に対する共感や感情のやりとり、癒やしや心地よさの提供といった感情労働が大きな価値を持つようになる。こうした感情労働は、先の職種の

3分類においてはホスピタリティー系の仕事に類するものが多いが、人の心に訴えかけるクリエイティブ系の仕事や、人の気持ちを束ねて組織を動かすマネジメント系の仕事にも感情労働の要素は関与することに留意しておく必要がある。いずれの場合も身体性に根ざした感情や共感の感覚があってこそ、人間ならではの価値を生むことができるというのがポイントである。

BIも世の中の労働や仕事に大きな影響を与えることになる。BIによって、従来は人間が生きるために仕方なくやっていた仕事、例えば過酷な重労働や単調な作業を延々と続けさせられる業務は、なり手がいなくなって、賃金が大幅にアップするか、またはAI化・ロボット化が進むであろう。

いずれにせよ、生きていくための生活費をBIが保証してくれるようになれば、人間はやりがいのある仕事、面白い・楽しい仕事を選ぶようになるはずである。やりがいや面白いと感じる対象は個人の性格や価値観によって異なっているが、それでも幾つかの共通項を挙げることはできる。人や社会に貢献したり、創造性を発揮したり、人と交流したり、高度なレベルの知的領域に挑戦したりといった要素が要件になると考えられる。このこと即ち、現在行われている人々の活動のほとんどが目的としている、或いは何らかの形で関係している「経済」の重要度が低下していくことを意味している。

こうした変化について、以下、具体的に説明していこう。

・労働量は減り、仕事の価値は再構成され、経済のウェイトは低下する

ＡＩが生産活動に広く活用されるようになり、ＢＩの導入によって「働かなくても、食って良し」が実現した社会で起きる変化について端的に整理すると、次のようになる。

i・社会全体での人間の総労働量は大幅に減少する（1日の労働時間が3時間程度になるという見方もある）

ii・知的作業に対する人間の需要は縮小し、賃金も低下する。一方、感情労働は給与が上昇し、社会的地位も向上する。即ち、労働の価値転換が起きる

iii・過酷、或いはつまらない仕事は淘汰され、人間は金銭的動機ではなく、やりがいや楽しさといった精神的満足を動機として仕事を選ぶようになる

iv・i〜iiiの結果、人間の活動における経済活動が占める割合が縮小し、世の中における経済の重要度が低下する

という変化が予想される。

そしてこうした変化は、ＡＩの発達・活用の度合いとＢＩをはじめとするセーフティネット実現の度合いに対応して、時間とともに着実に進んでいくことになる。今は税務・会計の事務作業や法律事務（パラリーガル）のような業務が代替されるようになった段階だが、そのうち税理士や会計士、弁護士の本分の業務までＡＩが行うようになるかもしれない。再分

配の方も、初めは貧困世帯や母子家庭へのセーフティネットの充実から手がつけられて、その後、国民全員に対する最低限の生活保障（ＢＩ）が導入され、更には働かなくても自由に生きられる水準に給付が拡大していくようになるであろう。

時間とともに進展していくこうした変化の流れに対応して、人々の働き方や職業選択も、時間とともに変わっていくであろう。第一次・第二次産業革命の成果が、初めは蒸気機関車によって農村と都市が結ばれることから始まって、後にはジェット機で世界中のどこへでも自由に行けるようになったように、技術の進展によってこうした変化の度合いは時代が進むとともにどんどん拡大していく。

しかも第一次・第二次産業革命のケースと比べて、これから起きるであろう変化は圧倒的にスピードが速いはずである。自動車が庶民の手に届くようになるまでに約80年かかったのに対し、テレビが各家庭に普及するのに要した時間は約30年、携帯電話やスマートフォンの場合はわずか10年ほどである。こうした流れを踏まえると、ⅰ～ⅲの流れは予想以上に加速化していくことも考えられ、30年から50年後には世の中の職種ポートフォリオも、人間が職業選択をする際の動機も、人々のワーキングスタイルも、すっかり変わっているのは確実であろう。

そして、こうした変化によってもたらされる文明論的変化とも言えるのが、ⅳ「経済活動の総量と重要度の低下」なのである。先に紹介したように、中世においては勤労や経済は神によって卑しいこととされていたが、宗教改革や産業革命を契機に勤労と経済が肯定されるという文明論的価値転換が起きた。それから現在まで、世の中における経済の重要度と存在感は増大し続け、今や経済は世の中の全てを統《す》べる神のような存在となり、経済合理性が善悪の判断基準にすらなっている。こうした〝経済＝神〟という現代の価値構造を、ＡＩとＢＩが再び転換することになるのだ。

・生きるための労働が無くなる

それでは前項で示したような変化が進展して、その先に到達するであろう〝新しいステージ〟において、人間はどのように働くのか、そしてどのような生活と人生を営むのかについて考えてみよう。

先にも少し触れておいたが、〝新しいステージ〟においては経済自体の重要度は低下し、生きるための労働や生活の必需を賄うための仕事に就くことは無くなっているかもしれない。ＡＩによる圧倒的な生産力の実現と給付水準を拡大したスーパーＢＩが導入されることで、働かなくても良くなる可能性は十分にあると考えられる。

ではそうなった時に、人間は働かなくなるのだろうか。

私は、そうは考えない。

仕事の３つの種類

	労働（labor）	仕事（work）	活動（action）
取り組む目的	・金銭的報酬	・金銭的報酬 ・自己実現 / 自己成長	・自己実現 ・社会貢献
取り組み姿勢	・非自発的 ・受動的	・自発的 ・能動的	・自発的 ・能動的
タスクのタイプ	・単純作業 ・肉体的負荷大	・高度な知識や技術	・人や社会との交流

「働く必要が無い」というのは「働くべきではない」という意味とは全く異なる。ただし、〞新しいステージ〃においては「働く」という言葉の意味合いや、人生における「仕事」の位置づけが、これまでとは大きく転換することになると考えられる。

仕事の種類について、労働条件やタスクのタイプ、及び就労の動機や取り組み姿勢によって３つに分ける考え方がある。労働（labor）、仕事（work）、活動（action）である。

労働（labor）は、生きるための糧を得るためにやるもので、非自発的、受動的な姿勢での取り組みになる。タスクのタイプも単純作業や肉体的負荷が大きいものであることが多い。

仕事（work）は、自分の特性を活かしたり、自己成長に繋げたいとする動機を以て、積極的に選択して就くものである。就業の動機に自己実現や興味・関心の追求といった金銭的報酬以外の要素も入っていることがポイントである。また、取り組み姿勢も自発的・能動的である。タスクのタイプは高度な知識や技術・技能を要するものが多く、報酬水準も高い場合が多い。

活動（action）は、労働を提供して対価（主に金銭的報酬）を得ようとするのではなく、人や社会との交流を通じて自己実現や社会貢献をしようとするものである。自発的、能動的に行うものであるが、対価の獲得を意識しない点が仕事（work）との大きな相違である。

この労働、仕事、活動の分類に則して考えると、〝新しいステージ〞では生きるための対価を得るために仕方なくやらされる労働（labor）は無くなるであろう。この「仕方なくやらされる労働が無くなる」という点がＡＩとＢＩが導いてくれる〝新しいステージ〞の歴史的、文明論的な意義であり、最大の特徴である。

・労働無き時代の仕事と活動

生きるための労働が不要になれば、多くの人々は働かなくなるのかというと、実は人間はそのようにはできていない。人間は生きるために労働する必要が無くとも、何らかの仕事や活動を行うものである。

生きるための労働の必要が無かった存在として、ギリシア時代の市民が挙げられる。農業や建設といった人々が生きるための労働はもっぱら奴隷が担っていたため、市民は自らが労働をする必要は無かった。ではギリシア時代の市民は日々のうのうと遊んでいたのかというと、むしろ逆である。市民は、人生の時間とエネルギーを学問や芸術や政治に注ぎ込んで毎日を送っていた。現在の学問、芸術のルーツは全てギリシアにあると言っても過言ではない。ミロのヴィーナスやサモトラケのニケといった彫刻は今も美の極致とされる。ヘシオドスやホメロスの叙事詩は文学のルーツであるし、ヘロドトスやソフォクレスが活躍した悲劇・喜劇も演劇の発祥とされる。学問の分野では、ピタゴラスの幾何学、ヒッパルコスの天文学、そしてソクラテス、プラトン、アリストテレスの哲学はヨーロッパ文明全体の基盤になった。

もちろんこうした芸術家や学者だけでなく、一般の市民も有為な活動を積極的に行っていた。自らの国をどう統治し、どのように繁栄させるかを一堂に会して論じ合う〝政治〟である。この時の政治形態が民主主義の原型であり、その意味では現在のほとんどの国の政治はギリシア時代の政治形態の上に立脚していることになる。

このように、生きるために働く必要の無い状態に置かれても、人間はただ遊興に身をやつすだけでもなく、無為に時をやり過ごすわけではない性向を本能のうちに持っていると考えて良いだろう。従って、ＡＩとＢＩが導く〝新しいステージ〟が到来して世の中から「労働」が無くなっても、人は何らかの「仕事」か「活動」を行うと考えられる。

「仕事」と「活動」は、どちらも自発的な選択による能動的な取り組みによってなされ、自己実現の満足が得られるという点では共通しているが、多少の違いはある。「仕事」は契約に基づいた雇用者が存在し、求められる成果が規定されており、高レベルの知識や技術・技能が要求される場合が多い。また仕事の成果への対価として報酬も得られる。一方、「活動」の方は発注者や成果のやりとりについての契約無しで、完全に自発的に行うケースが多い。特に、報酬を得ることを目的としていない点が「活動」の大きな特徴と言えよう。知的好奇心に基づいて物事を深く探求していくような研究活動、世の中を良くするための慈善活動や自然保護のボランティアといった社会活動、売りさばくことを目的としないで創作したりパフォーマンスしたりする芸術活動などが「活動」に含まれる。

このように、生きるために必要な労働から解放されて、自らがやりたいことを行い、そのやりたいことをやること自体で楽しみや、満足や、自尊の念を得ることが、〝新しいステージ〟において仕事や活動を行う目的となる。そしてこうした形而上学的な価値を与えてくれるのは、先に例として挙げたギリシア時代に三大徳とされた「真・善・美」が象徴する、学問、他者への貢献、芸術であろう。労働をしなくても良い状況で、人が取り組む対象としてはまずこの3つの活動が挙げられよう。

・「遊びをせんとや生まれけむ」

人間は働かなくて良くなった時でも、無為に人生を浪費したり遊興に耽溺《たんでき》したりするわけではないとはいっても、人間全員が朝から晩まで真・善・美を追求して生きるわけではないのはもちろんのことである。

人間が人間であるための根拠として、「言葉」と並んで挙げられるのが「遊び」である。動物は遊びをしない。遊びで動き回るのは貴重なエネルギーの浪費であるし、ましてや遊びに夢中になるのは周囲への注意力を欠いて敵に襲われるリスクを招くだけである。動物にとって遊びは進化論的合理性を損なうリスクの行為なのである。

一方、人間にとって遊びは日常生活とともにある当然の行為である。遊びや趣味の楽しみがあるからこそ、生活は彩りを得て人生が豊かになる。遊びや趣味でうさを晴らせるからこそ、何とか苦難の日々を乗り越えられるのだ。「遊びをせんとや生まれけむ」（『梁塵秘抄《りょうじんひしょう》』359番）はまさに人間の本質である。

そして「遊び」は崇高である。なぜなら、「仕事」が成果や対価という条件を伴うのに対して、「遊び」はそのような制約は一切無い。先に説明した「活動」も対価を伴わない完全に自主的・主体的行為であるとはいっても、社会との関係性の中で成立し、活動の意義を意識した行為である。それに対して「遊び」は社会との関係性も必要なく成立し、行為の意義すら意識されない。ただ楽しいから遊ぶのであり、遊びたいから遊ぶ。遊びは人間にとって楽しいということ以外に何も伴わない最も純粋な精神行為なのである。これが遊びが崇高である所以《ゆえん》である。

以上見てきたように、人間は働かなくても生きていける〝新しいステージ〟において、価値を生む仕事をしたり、意義のある活動をしたり、更には楽しむためだけに遊んだりするだろう。そしてこれらの行為に共通するのは自発性である。「自分がこれをやりたいから、やる」というのは、行動の自由をわが手中にすることである。先に豊かさとは「自由、即ちやりたいことをやれる選択肢を持つこと」と定義したが、まさに「自分がこれをやりたいから、やる」という状態が万人に実現する社会とは、究極的に豊かな社会と言うことができるのである。

(2) AI+BIの世の中で豊かに生きるための条件

では、「自分がやりたいから、やる」が成立する〝新しいステージ〟はユートピアなのだろうか。

もちろん、生きるためや食うためにやらなければならないことをするのに精一杯の生活と比べると、明らかに豊かな状態であるし、生きることを心配しないで好きなことがやれるのはある意味でユートピアだと言えるだろう。とはいえ、ユートピアで幸せな人生を送るには一つだけ条件がある。

やりたいことを自ら持たなければならないのだ。そして、「それをやること自体で楽しみや満足や自尊の念を得る」ことができるような、やりたいことを内発的に生み出すのは人間にとって意外に難しいことである。

・「退屈の不幸」と「人生、不可解なり」

「食うための心配をしなくて良い収入」と「日常の活動に支障がない健康状態」とを持ち合わせている人間が陥りがちな、「何をすれば良いのか分からなくて不幸」な状態は「退屈の不幸」として哲学のテーマとなっている。古くは「人間は考える葦である」と人間の本質を喝破したパスカルや、近代ではバートランド・ラッセルやマルティン・ハイデッガーといった偉大な哲学者達が「退屈の不幸」を論考の対象としているが、そうした大哲学者達もどうすれば「退屈の不幸」を脱することができるのか、その手立てを示すことには難儀しているほどである。人間は生きるために必需的に求められるか、社会のルールや権力によって強制されるか、或いは経済成長のためのプロパガンダに耽溺させられて消費中毒・レジャー中毒にでもならないと、何をなすべきかをなかなか決められない生き物なのだ。

従って、必需の要請や社会・権力による強制が無くなった状態では、自分が何をやりたいのかを分かることの難易度は上がる。そして、やらなければならないことは何も無く、やりたいことは何をしても良い条件の下で、何をすれば良いのか分からない状態は、人間を苦しめる。

明治の後期に藤村操《ふじむらみさお》という一高の学生が、「人生、不可解なり」という遺書を書き残して華厳の滝に投身自殺した。当時の一高といえば社会的に何でもできる可能性を与えられた存在である。そうした条件に置かれながら、何をすれば良いのかに迷ってしまい、社会と自分の関係も、自分の人生の意義も分からなくなって、終《つい》には自分の生命の意味を認められず自らの命を絶ってしまったのである。何をしても良い状態において何をすれば良いのかを分からないというのは、これほど深刻な問題であり、だからこそ先に挙げたような多くの哲学者が挑戦している人間にとって重大なテーマなのである。

・豊かになるための能力

こうして見てくると、〝新しいステージ〟において、人が豊かな生活を営み、充実した人生を送るためには「やりたいことを、やる」ことが条件になるのだが、その〝やりたいこと〟を見つけること自体が意外に難しいことが分かるであろう。生きていくために必要な財貨はＡＩとＢＩによって働かずとも与えられるとしても、何もしないでいると「退屈の不幸」に見舞われてしまう。では何かしようと思っても、必需と外的強制が無い状態で、しかも何をしても良いとなると、人生の豊かさに直結するような何かを見つけることはなかなか難しく、ややもすると「人生、不可解なり」という厚く重い壁に行き当たってしまう恐れがあるのだ。

つまり、ＡＩとＢＩが生きるための糧を保証してくれて、必需と外的強制が無くなった世界において、人が豊かな生活と充実した人生を手に入れるために必要な資質は「やりたいことを見出す能力」ということになるのである。

これも〝新しいステージ〟が到来することによる大きな転換である。

現代のように経済の重要度と存在感が大きな時代には、経済力を得るための資質、端的に言ってしまえば「金を稼ぐ能力」を身につけることが豊かな生活、充実した人生を享受するために必要かつ、有効であった。経済の存在感が大きな社会では、大量のお金があれば大抵のものは得ることができる。北極圏にオーロラを見に行くことも、マダガスカル島へ珍しい蝶を採取しに行くのでも、バイロイトにワグナーを聴きに行くのでも、どこへでも行ける。宝石で飾られた美しく精密な時計でも、セイシェル島の使用人つきの瀟洒《しょうしゃ》な別荘でも、北斎やゴッホの絵画でも、欲しいモノは何でも買える。最高の医療も受けられるし、ＮＰＯを支援して世の中を良くすることだってできる。そうした慈善活動や社会貢献によって、社会からの敬意まで手に入れることができるのだ。経済が価値の基盤である社会では、お金があれば物財だけでなく、健康や自由や人からの敬意や好意までもが得られるわけであり、経済が神である世の中においてお金はまさに〝魔法の杖〟なのである。

だからこそ、人は「金を稼ぐ能力」を身につけようと、ありとあらゆる努力をする。高校生が良い大学に入るために猛勉強をするのも、高給を期待できる良い会社に入るためであるし、プロの野球選手やサッカー選手が体を鍛え技を磨くのも、高い年棒を得るためである。もちろんお金のためだけに勉強したり、会社を選んだり、体を鍛えたり技を磨いたりするわけではないけれど、どの会社に入っても、どのプロスポーツ選手も、給料は一律・一定ということになれば、現在人々が費やしている努力は半減するであろう。努力や鍛錬をすれば確かに実力は向上するが、経済の時代の魔法の杖であるお金には結びつかないのであれば、ほとんどの人は頑張れないものである。皆、豊かな生活を営み、社会的地位や評価を得て、充実した人生を送るために必要なお金を得るために頑張っているのだ。

しかし、ＡＩとＢＩによって世の中における経済の重要度と存在感が低下した社会になると、〝万能のお金〟の魔法は消えてしまう。そうした社会においては、いくら多額のお金を稼ぎ、莫大な資産を保有していたとしても、それで買えるモノ・コトは経済的価値の対象だけであり、そもそも経済の重要度と存在感が低下した世の中においては、大した喜びや豊かさの実感には繋がらない。他人が羨ましがることも無いであろう。

したいことは何でもできるだけの自由度を誰もが得た時に、何をすれば自分が一番嬉しいのか、一番豊かな気持ちになれるのかを自分自身で見出せないと、ＡＩとＢＩが与えてくれた自由度を豊かな生活と充実した人生に繋げることができないのだ。何が嬉しいのかと言っても、今日一日だけのことではない。一生は100年も続くのだ。一生という長い期間、自分が楽しめ、豊かな気持ちを継続できるコトやモノを見つけるのは難しい。しかも、人間が持てる時間と体力・気力には限りがある。同時に北極とマダガスカル島の両方に居ることはできない。経済的制約が解けた状態で、限りある時間と体力と気力を何に投入すれば最も楽しく、豊かな気持ちを得ることができるのかは、自分が「やりたいことを見出す能力」にかかっているのである。

豊かになるために必要かつ有効な資質は、社会が〝新しいステージ〟にシフトすることによって「金を稼ぐ能力」から「やりたいことを見出す能力」へと転換するのだ。

・経験と修練

では、AIとBIがもたらしてくれる〝新しいステージ〟において、必需や強制の無い状態で人間はどのようにすればやりたいことを見出し、実際にやることができるのか。即ち、どうすれば〝新しいステージ〟において豊かな生活を営み、充実した人生を送ることができるのか。

重大な哲学のテーマになっているとはいえ、その問いに対する私の回答はシンプルである。経験と修練を積むことである。

後述するが、この回答は「心身両面で人間らしさを大切にする」ということでもある。

仕事と活動と遊びは、それぞれ自分がこれをやりたいという自発性が共通の要素になっている。この3つのうち、仕事は契約に基づく責任や成果達成に必要な高度な知識や技術・技能が要求される。この意味において外生的要求がある。活動も契約や報酬が無いとはいえ、何らかの成果や社会的意義が意識されるので、その成果や意義を成立させるための外生的ガイドラインが存在する。遊びだけが、成果も意義も無く、それをやること自体を楽しむという目的で行う、外生的制約が無い最も自由な行為である。その意味においては、どのように遊びをすれば生活を楽しめ、人生を豊かにすることができるのかを分かることが、最も難易度が高いと言えよう。

この前提で、ここでは最も難易度が高い「遊び」を例にとって、どのように何をするのかを選び、どのように楽しめば良いのかについて説明してみよう。

何が楽しいのかは人それぞれである。ガーデニングが楽しい人もいれば、釣りが楽しい人も、バイオリンを弾くのが楽しい人も、短歌を詠むのが楽しい人もいる。しかしどの趣味も、やってみなければその楽しさを実感することはできない。

人間は〝自由〟や〝慈悲〟といった抽象的な概念すら、何らかの具体的な経験に結びつけなければ理解できない。「これが自由なのかも……」とか「これは自由ではないな……」と感じる実際の経験を重ねながら、複数の状況や事実から実感として得られた〝自由〟の感覚を重ね合わせて、抽象的な〝自由〟の概念を獲得する。人間は経験を通じてものを分かることができる存在なのである。従って、ガーデニングや釣りやバイオリン演奏や短歌創作といった具体的な行為は、当然のことではあるが、それを実際にやってみないとその難しさも楽しさも実感できない。遊びとしてやるこうした趣味は、少なくともまず見て知り、やってみるという経験がなければ、楽しむための遊びの対象にリストアップされない。何をやるかを決めるための第一歩は、選択肢を持つための経験を広げることである。

そしていくら遊びだとはいっても、その遊びを楽しむためには修練が必要である。テニスをやるにしても、あまりにも初心者で、飛んできたボールを一球も返せない、相手からも返ってこない状態では楽しめない。普通に打って来たボールを普通に打ち返せるようになってから楽しみが始まる。そしてスキを突いてコーナーを狙ったり、強烈なストロークで攻撃したりできるようになると、面白さと楽しさが増していくのだ。テニスを仕事にするのではなく、遊びでやるのでも、このように練習を積み重ねてこそ得られる楽しみは大きくなるのだ。

このように、何をやっても良い状態で何をやるのかを自発的に決める／選ぶためには、遊びにおいてすら経験と修練が必要になるのだ。このことは逆に言うと、何もやらなくても良いからといって何も経験しようとせず、修練も積まなければ、楽しみを得ることはできないということである。「自分がやりたいことを、やる」ことで誰もが豊かな人生を営むことのできる〝新しいステージ〟において、のうのうと何もせずにいることは、楽しみも豊かさも無い〝ただ生きる〟だけの人生になってしまうということである。これでは〝新しいステージ〟以前の、ただ食うため、生きるために働くだけの人々の生活と同じか、労働を通じて社会に繋がっていた紐帯《ちゅうたい》すらも失われたそれ以下の人生になってしまうことになる。

やりたいことを見つけるために積極的に経験を広げ、楽しむために修練を積むことが、〝新しいステージ〟で豊かな人生を享受するための要件なのである。

・人間らしさを守ること

そして、豊かに生きるための要件として示した「経験することと修練すること」は、心身の両面で人間らしさを大切にすることである。

人間は太古の昔から絵を描き、物語を紡ぎ、更には科学や芸術を発展させてきた。アルタミラやラスコーの遺跡に見られるように、旧石器時代の人間でも雨が降って狩りができない日には洞窟の中で岩壁に牛や馬の絵を描いて過ごした。新石器時代のメソポタミアでは壮大な物語性を持つ『ギルガメシュ叙事詩』が作られた。どちらも、現代でも高く評価されるほどの高い芸術性を持つものである。そして、どちらも食うため、生きるために作り出した作品ではない。絵を描きたい、物語を語りたいという内発的創造欲求によって作り出されたものである。人間はこれほど創造的で知的な存在なのである。

ところで、一日中野山を走り回って狩猟のお伴をする猟犬は、散歩の量が足りないと体調を崩し、不機嫌になったり、場合によってはうつ病になったりする。つまり本来持っている能力を十分に発揮できない生活は、心身の健康を壊してしまうのである。

同じことが人間にも当てはまる。

一日中獲物を求めて野山を駆け巡れるように、日の出から日没まで畑を耕せるように作られているのが人間の身体なのに、ほとんど歩きもせず運動もしない生活をしていると、すぐに歩けなくなり、呼吸器や消化器まで弱くなって病気の塊になってしまう。知性や感情を司る脳も同じで、外界からの刺激を得て考えたり、感動したり、創作したりという経験が乏しくなると、知力も感受性もどんどん劣化していく。

そして人間も猟犬も、身体的にも、知的にも、感情的にも、備わっている能力をフルに発揮できることが快いと感じる感覚のメカニズムを持っている。くたくたになるまで運動した後に感じる爽快感や、研究や芸術で大作を仕上げた後に得られる達成感は、力を出し切ったことに対する脳からの報酬なのである。つまり人間は、身体的にも、知的にも、感情的にも、持てるポテンシャルを最大限に発揮してこそ快感と満足を得ることができるのである。

〝新しいステージ〟において、人生の意義は「やりたいことを、やる」ことを通じて楽しみや貢献意識や自尊の念を得ることになる。つまり、ＡＩが財貨を作り出し、ＢＩによって誰もが働かずとも生きていけるようになった時に人間がやるべきことは、心的にも身体的にもポテンシャルをフルに働かせて経験と修練を積むことなのである。それができた者が、自らによって与えられる報酬として、楽しく豊かだと感じられる人生を送ることができるのだ。

あとがき

かねてより、ＢＩが実現するといいなと思っていた。

２０００年代半ば頃、わが国では、なかなか活況を呈さない景気が続いており、また一方で格差と貧困問題が深刻化しつつあって、閉塞した日本経済に対して〝失われた10年〟という言葉が語られるようになっていた。そうした状況の中で、相も変わらず効果の薄い公共事業とネオリベ型の経済政策ばかりが繰り返され、徐々に国力を低下させていっている事態に対して、ＢＩこそが有効であると気がついたからである。

そうした気付きもあって、その頃から折にふれて、ＢＩについて講演したり、原稿を書いたりはしていたのだが、ウケはあまり良くなかった。ただでさえ財政赤字の問題を深刻視している風潮だったので、１００兆円以上に上る財源が必要なＢＩに対しては、論ずるに値せずといった反応が多かったと記憶している。

ＡＩに目が向いたのは、アルファ碁が世界チャンピオンのイ・セドル氏に勝利したのがきっかけである。その4年も前にグーグルの猫が登場したのは知ってはいたが、その時はあまり気にとめなかったのが正直なところである。実は第二次ＡＩブームの時に多少「第五世代コンピュータ開発プロジェクト」に関わった経験があり、〝冬の時代〟に凍えてアンテナの感度が低下していたのであろう。人間の脳の凄さや不思議さと、ヒューリスティックな判断の記述の難しさやコンピュータの性能の足りなさが印象に残っていた。第二次ＡＩブームが去ると同時に、私の中では「ＡＩは無し」になっていた。

このようにＡＩもＢＩも、自分の中ではどちらも冴えないテーマではあったのだが、この2年〜3年で認識が大きく変わった。

まずグーグルの猫が登場し、アルファ碁の快挙が報じられるようになって、〝ディープラーニング〟が開発されたことを知った。この何年間か、脳科学や認知科学の勉強をしていたこともあって、ディープラーニングのインパクトにはピンとくることができた。またレイ・カーツワイルの託宣もあって、周りの人達が盛んにシンギュラリティの議論をしているのもＡＩについて考えてみるきっかけになった。

ＢＩに関しても、再びエネルギーを注入してくれたのは現実の出来事である。やはり2年〜3年前に、フィンランドでＢＩの導入実験が実施されること、スイスで導入に関する国民投票が行われることが話題になったのが、もう一度ＢＩに興味が向いたきっかけである。

こうしてこの数年間、ＡＩとＢＩが並列の形で頭の中のテーマになっていたのだが、本書にも記したようにＡＩとＢＩが必然的に結びつくことに気がついた。しかも、私にとって願ったりかなったりの形で。

この「あとがき」の冒頭に、〝かねてより、ＢＩが実現するといいなと思っていた〟と書いたが、それは社会保障政策としてよくできているとか、景気対策としても有効だとかの理由だけではない。人類が歴史的に保持し続けてきた「働かざる者、食うべからず」の規範を覆し、「働かなくても、食って良し」の世の中が実現すると、痛快でいいなあという思いからである。つまりBIによって人類は〃新しいステージ〃に進化することができるという野望にも似た期待を持っていた。

人類は石器時代から産業革命まで約10万年の間、〃マルサスの罠〃によって最低生活費水準の、即ち食うのがやっとのレベルで生きてきた。当然その間は「働かざる者、食うべからず」どころか「働かないと、食えない」状態であった。産業革命によって生産力が飛躍的に高まり、人々の生活水準が大きく向上した後も「働かざる者、食うべからず」は、ずっと続いてきた。人類の長い歴史を通じてこれほど続いてきた規範であるので、ある価値観や社会形態に依拠した一つのルールというよりも、DNAに刷り込まれている、もはや本能のようなものになっているかもしれないものである。

その「働かざる者、食うべからず」を覆すことができれば、痛快ではないか。そして人類不変の掟を覆すに際して、人々がベルリンの壁を打ち壊して新しい世界を開いた時になぞらえて言うなら、壁のレンガの1つでも自分の手で取り崩すように、1回の講演でも1編の論考でも良いので、少しでも自分自身が寄与できたら、なかなか良い気分になれるのではないかと目論んで、「BIが実現するといいな」と思っていたわけである。

そして、ＡＩとＢＩが自分の頭の中で〝必然性を以て〟繋がることに気がついて、人類が〝新しいステージ〟を迎えるシナリオが成立した。科学技術の所産であるＡＩが生み出す富を、社会科学と人文科学に裏打ちされたＢＩが分配し、哲学的に〝新しい人類〟が誕生して〝新しい歴史〟が始まるという構想が成り立つからである。

これが先ほど願ったりかなったりと述べた理由であり、本書を書こうと思った背景といきさつである。

しかし、一点だけ半ば意識的に本書に書かなかった懸念がある。本文の中に盛り込まなかったとはいえ、ＡＩとＢＩによる未来の世界を語る上で重要なイシューになると思うので、あえてこの「あとがき」で正直に明かしておきたい。

本書では、ＡＩとＢＩによって働かなくても良くなった世の中で、人が豊かな人生を営むためには、知的にも、身体的にも、経験と修練を積み、人間らしさを大切にして日々を営むことが必要であるというメッセージを示した。また「遊びをせんとや生まれけむ」とは言っても、これはこれでなかなか大変な苦労や苦悩を伴うことも記しておいた。

しかし、本文に記したこと以外にも、もう１つ書かなかった〝人間らしさ〟がある。争いや征服の性向である。

人間の集団は、貧しくなると苦しさのあまり他の集団に対して略奪をしかけたり、更なる弱者を攻撃したりする性向を持つ。食うだけならさほど困らないはずの現代ですら、ＩＳのテロや先進国における貧困層の極右化現象に表れている。一方、豊かであれば平安が維持されるかというと、国力の更なる伸長を目指して他国を征服しようとしたり、従属させようとする傾向が生じがちである。

また、売上や利益といった経済的成果から解放されている官僚機構は経済合理性に縛られずに、組織の論理と人間の性向／本能だけで動く集団であるが、この官僚機構はどの国においても国益よりも省益、省益よりも局益という派閥闘争を行う。

人間とは、敵がいなければ、敵を作り出してでも争いをしたがる性向があるのだ。

「争いに身をやつして、争いに勝つこと自体が自己確認・自己実現である」という、人間の本能とも言える性向を、本書のメッセージである〝人間らしく〟の中に含めなかったのは、ＡＩとＢＩによって導かれる〝新しいステージ〟においてはその争いの性向が消滅することを期待してのことである。

かつて人間は、見る、聞く、嗅ぐ、味わう、触るという五感以外にも、もう一つの感覚として第六感を持っていたという。文明が進み、進化した環境に適応するプロセスで、その第六感は失われてしまったと言われているが、ＡＩとＢＩが導く〝新しいステージ〟において〝争いの性向〟が消滅することを願っている。人智をはるかに超えるＡＩを駆使して人間と人間が争うことになれば、その帰結は人類の滅亡以外にはないのだから。

最後に、「ＡＩとＢＩが両翼となって社会を新しいステージに導く」というテーマを考えていた私に、書籍化の声をかけてくださった幻冬舎の箕輪厚介氏のご厚意と労があってこそ、本書を世に出すことができた。心より感謝の意を表したい。

また本書の執筆に当たって、様々な資料の収集・整理、データの確認や図表の作成、及び文章構成や表現の検討まで、精力的にサポートしてくれた筆者事務所のリサーチャーの山本佳奈氏にも深く感謝している。

本書は、私のこれまでの著作以上に、多くの先人の肩に乗ってこそ書くことができた一冊である。本書を書くに際して参考にさせていただいた、著作、文献、報告書等の参考資料は、参考文献として掲載し謝意を表する代わりとさせていただいたが、ここで改めて謝意を表したい。

こうした偉大な先人達や多くの方々が積み上げてこられた研究と思索の大山に、本書がほんの小さな小石でも積むことができたら、望外の幸せである。

２０１７年12月

波頭　亮

■ 第Ⅰ章　参考文献

書籍

- 松尾豊（２０１５）『人工知能は人間を超えるか』、角川ＥＰＵＢ選書
- 西垣通（２０１６）『ビッグデータと人工知能』、中公新書
- 井上智洋（２０１６）『人工知能と経済の未来』、文春新書
- 羽生善治（２０１７）『人工知能の核心』、ＮＨＫ出版新書５１１
- 奈良潤（２０１７）『人工知能を超える人間の強みとは』、技術評論社
- 日経ビッグデータ（２０１７）『グーグルに学ぶディープラーニング』、日経ＢＰ社
- ダニエル・カーネマン（２０１２）『ファスト&スロー（上）』、早川書房

雑誌・論文・レポート等資料

- 松原仁（２０１５）「シンギュラリティと人工知能の将来」、『情報処理』、56(1)、pp. 15-18
- 石川准（２０１６）「ホックシールド『管理される心―感情が商品になるとき』」、『日本労働研究雑誌』、669, pp. 36-39
- 松尾豊、他（２０１７）「ＡＩで物流ロボットがカンブリア爆発？　物流でのＡＩ活用の可能性を探る」、『マテリアルフロー』、690, pp. 20-31
- 「人間を「駆逐」したウォール街の王者」、『日経ビジネス』、1892, pp. 32-35（２０１７）
- 萩原宏、柴山潔（１９９１）「コンピュータ・ハードウェア技術の発展」、『Accumu』３
- 電子計算機基礎技術開発推進委員会（１９９３）「第五世代コンピュータ・プロジェクト最終評価報告書」
- 野村総合研究所（２０１５）「日本の労働人口の49％が人工知能やロボット等で代替可能に」
- Stanford Vision Lab (2010-2017) “Large Scale Visual Recognition Challenge (ILSVRC)”, ImageNet.
- Quoc V. Le, Marc, Aurelio Ranzato, Rajat Monga, Matthieu Devin, Kai Chen, Greg S. Corrado, Jeff Dean, Andrew Y. Ng (2011-2013) “Building High-level Features Using Large Scale Unsupervised Learning”.
- Jeff Dean and Andrew Ng (2012) “Using large-scale brain simulations for machine learning and A.I.”, Google Official Blog.

■ 第Ⅱ章　参考文献

書籍

- 小沢修司（２００２）『福祉社会と社会保障改革―ベーシック・インカム構想の新地平』、高菅出版
- 山森亮（２００９）『ベーシック・インカム入門』、光文社新書
- フィリップ・パリース（２００９）『ベーシック・インカムの哲学―すべての人にリアルな自由を』、勁草書房
- 立岩真也、齊藤拓（２０１０）『ベーシックインカム 分配する最小国家の可能性』、青土社
- 村岡到（２０１１）『ベーシックインカムの可能性』、ロゴス
- 尾藤廣喜、他（２０１１）『生活保護「改革」ここが焦点だ!』、あけび書房
- トマ・ピケティ（２０１４）『21世紀の資本』、みすず書房
- ルトガー・ブレグマン（２０１７）『隷属なき道』、文藝春秋
- ジョセフ・スティグリッツ（２００６）『世界に格差をバラ撒いたグローバリズムを正す』、徳間書店
- ジョセフ・スティグリッツ（２０１２）『世界の99％を貧困にする経済』、徳間書店
- ロバート・ライシュ（２００８）『暴走する資本主義』、東洋経済新報社
- ロバート・ライシュ（２０１６）『最後の資本主義』、東洋経済新報社
- 山崎元、波頭亮、他（２００９）『経済危機「１００年に一度」の大嘘』、講談社 BIZ CONUNDRUM
- 波頭亮（２０１０）『成熟日本への進路―「成長論」から「分配論」へ』ちくま新書

雑誌・論文・レポート等資料

- 田中俊弘（２０１７）「カナダにおけるベーシック・インカム論の展開」、『麗澤レヴュー』、23, pp. 15-31
- David Calnitsky and Jonathan P. Latner (2017) "Basic Income in a Small Town: Understanding the Elusive Effects on Work", Social Problems, 64(3), pp. 373-397
- 首相官邸（２０１２）「社会保障に係る費用の将来推計について」
- 厚生労働省（２０１０）「子ども手当てについて」
- 厚生労働省（２０１５）「生活保護費負担金（事業費ベース）実績額の推移」
- 厚生労働省（２０１７）「平成27年度厚生年金保険・国民年金事業の概況」
- 厚生労働省政策統括官（２０１６）「平成26年所得再分配調査報告書」
- みずほ総合研究所（２０１５）「日本の格差に関する現状」

- 野村総合研究所（２０１６）「日本の富裕層は１２２万世帯、純金融資産総額は２７２兆円」
- Carl Benedikt Frey and Michael A. Osborne（2013）“The future of employment: How susceptible are jobs to computerization ?”.
- Helliwell, J., Layard, R., ans Sachs, J.（2016）“World Happiness Report 2016”, Sustainable Development Solutions Network.
- Basic income Earth Network BIEN（2017.03.27）“US / KENYA: New study published on results of basic income pilot in Kenya”.
- 小沢修司（2006.09.15-2007.03.23）「格差社会とベーシック・インカム（全３回）」、人文書院コラム
- 波頭亮（2011.09.09-2012.02.17）「成熟時代に突入した日本へのアジェンダ」、日経ビジネスオンライン
- 波頭亮（2016.03.15-2016.03.18）「ベーシックインカムとは何か」、NewsPicks

■ 第Ⅲ章　参考文献

書籍

- グレゴリー・クラーク（２００９）『10万年の世界経済史（上／下）』、日経ＢＰ社
- ジャレド・ダイアモンド（２０００）『銃・病原菌・鉄（上／下）』草思社
- トーマス・セドラチェク（２０１５）『善と悪の経済学』、東洋経済新報社
- 國分功一郎（２０１１）『暇と退屈の倫理学』、朝日出版社

装幀　トサカデザイン（戸倉巌、小酒保子）
編集　箕輪厚介（幻冬舎）

AIとBIはいかに人間を変えるのか

2018年2月28日　第1刷発行
2018年3月1日　第2刷発行

著者
波頭 亮

発行者
見城 徹

発行所
株式会社 幻冬舎
〒151-0051 東京都渋谷区千駄ヶ谷4-9-7
電話　03(5411)6211［編集］
　　　03(5411)6222［営業］
振替　00120-8-767643

印刷・製本所
中央精版印刷株式会社

検印廃止

ISBN978-4-344-03260-6　C0095
幻冬舎ホームページアドレス
http://www.gentosha.co.jp/

この本に関するご意見・ご感想をメールでお寄せいただく場合は、
comment@gentosha.co.jpまで。